颐和园行走记

苏士澍题

颐和园
行走记

Notes on walking in the Summer Palace

秦雷 著

文物出版社

图书在版编目（CIP）数据

颐和园行走记/秦雷著. —北京：文物出版社，
2023.12

ISBN 978-7-5010-8254-4

I. ①颐… II. ①秦… III. ①颐和园—文集 IV.
①K928.73-53

中国国家版本馆CIP数据核字（2023）第219500号

颐和园行走记

著　者	秦　雷	
责任编辑	冯冬梅	
装帧设计	李猛工作室	
责任印制	王　芳	
出　版	文物出版社	
社　址	北京市东城区东直门内北小街2号楼	
网　址	http://www.wenwu.com	
经　销	新华书店	
印　刷	文物出版社印刷厂有限公司	
开　本	889mm×1194mm　1/32	
印　张	12.25	
版　次	2023年12月第1版	
印　次	2023年12月第1次印刷	
书　号	ISBN 978-7-5010-8254-4	
定　价	128.00元	

目 录

序

　　清朝从康熙皇帝开始，诸帝都有暑热时在宫苑理政的习惯，主要原因是清皇室来自寒凉的东北，不耐酷暑，加之园中水土好，空气清新，环境安静，适于热天理政。康熙在《畅春园记》一文中赋予宫苑理政"文武之道，一弛一张"的诠释，反映了一种与传统不同的施政理念。康熙、雍正和乾隆祖孙三代，前后130余年，相继在西郊海淀以北东西10公里内建成了规模宏大的"三山五园"皇家园林区，作为皇帝长期居住、进行政治活动的离宫御苑。皇帝在宫苑起居理事制度化的重要标志是在宫苑建专门的宫殿区域。

　　颐和园原名清漪园，始建于清乾隆十五年（1750年），历时15年竣工，是"三山五园"中最后建成的一座。颐和园总面积300公顷，划分为宫廷区和苑林区两部分。宫廷区以东宫门内的仁寿殿为中心，是当时"垂帘听政"的慈禧太后处理朝政的场所，由殿堂、朝房、值房等组成多进院落。以万寿山、昆明湖为主体的苑林区是全园的精华。颐和园还曾存放陈设了丰富的文物及各种用品，现在仍存贮有相当珍贵的文物。咸丰十年（1860年）颐和园被英法侵略军焚毁。光绪十二年（1886年）慈禧太后挪用海军经费和其他银两开始重建，光绪十四年（1888年）改名颐和园，光绪二十一年（1895

年）工程结束。光绪二十六年（1900年）遭八国联军破坏，光绪二十八年（1902年）修复。

晚清时颐和园不仅是帝王们散志澄怀的游娱场所，也成为与紫禁城紧密相连的政治中心。光绪二十四年（1898年），颐和园目睹了清廷争夺最高权力的一次惨烈角逐：是年四月，已亲政的光绪帝下诏变法，并在颐和园仁寿殿召见维新派首领康有为。掌握实权的慈禧太后在园中与朝内部分势力共同酝酿发动宫廷政变，于八月五日突然囚禁了光绪帝，废除了变法诏令，自此开始独揽朝柄。

辛亥革命后，末代皇帝溥仪于民国元年（1912年）2月12日宣布退位。根据优待条件"大清皇帝辞位之后，暂居宫禁，日后移居颐和园"，颐和园在溥仪退位后仍为逊清内务府管理，直到1928年7月，方为民国政府"内政部"接收，作为公园开放，并于8月移交北平市政府管理。

1998年，颐和园"作为中国皇家园林的代表作，也是世界主要文明之一的强有力的象征"的普遍价值，被列入联合国世界文化遗产名录，也成为中国古代园林文化遗产保护与研究的重镇。数十年来，颐和园日益加强园林历史文化内涵挖掘和文物专业人才队伍培养，文物管理保护和文化学术研究成果不断涌现，与故宫的学术合作交流也不断扩大，从一个方面丰富和拓展了"故宫学"的研究，共同为中国的文化遗产保护事业做出了积极贡献。

秦雷同志的这本《颐和园行走记》，是一本颐和园文化遗产保护工作者记录和反映颐和园近二十余年保护历程的工作实录和学术笔记。我感到此书内容丰富、资料新颖、特点突出、别开生面，作为一名在北京故宫工作了二十多年的故宫人，翻看这样一本在颐和园工作了二十多年的颐和园人的心路历程，难免产生一些相知相惜的会心之感。我感到此书有以下几个主要特点：

第一，文字生动。这是本书非常值得称许的一个特点。文化遗产保护和文博工作作为一个专业化学科，必然有着一定的专业壁垒，阻挡着普通人的阅读求知兴趣，因此文博作品的通俗化、生动性十分重要。《颐和园行走记》一书总体上还是一本文博类通俗读物，但文字流畅生动，善于化用各种档案文献，善于讲故事，比如《晚清宫廷中的姊妹花——德龄、容龄》一文，虽然句句皆有出处，事事皆引用史料，却绝不枯燥，写出了历史小说般的吸引力；即使是《慈禧油画像修复项目考察记》《"圆明园总管首领等公全会议"碑保护记》《一件圆明园流散文物的征集与考证》这种工作记录性强的文章，作者也述说得行云流水，意兴盎然，甚至加以想象化的诗歌吟咏，引人入胜，可以看出作者应该颇受中国古代笔记类文体的影响。

第二，富有学术含量。文字生动，可读性强，并不意味着作品的文化含量和学术品质一定简化浅显。长期以来，颐和园的历史文化、园林艺术研究已有比较深厚的积累，如清华大学建筑学院、中国人民大学清史研究所、天津大学建筑学院等专业机构的相关研究持续多年，代不乏人。秦雷同志能够敏锐抓住颐和园研究的空白之处进行学术挖掘，如他对园中的重要建筑遗址治镜阁的研究，从建筑形制、历史功能到文化内涵，都进行了周密翔实、富有学术深度和文化说服力的剖析；又如对昆明湖水操学堂的研究，尽管慈禧重建颐和园与北洋海军关系的研究是中国近代史研究领域长期持续的一个热点，但秦雷同志仍能通过对新的档案史料的运用，将水操学堂的完整历史置于晚清海军建设与宫廷政治的背景下考量，对水操学堂毕业生后来的跌宕命运进行了追踪，填补了昆明湖水操学堂研究的空白。我尤感欣喜的是《国宝大迁移中的颐和园文物调查》一文，对发生在20世纪30—40年代以故宫文物为主体的大规模国宝迁移壮举中的颐和园文物的调查，为我们对国宝大迁移这一宏大叙事的研究增加了新的章节，等等。在我看来，本书的很多文章都不是泛泛而谈，而是体现了作者敏锐的学术认知能力和扎实的学术功底。

第三，内容丰富，知行合一。本书涉及了文化遗产保护管理和文博工作的多个方面：历史文化、园林艺术、文物修复、文物展览、藏品征集、古建筑修缮、遗产保护、学术出版等，涵盖了园林文物遗产保护工作的多个专业领域。由于文物保护工作的专业化和细分程度愈来愈高，这一综合全面的特点在文博类书籍中是比较与众不同的。同时，由于作者是多年来颐和园保护工作的亲历者和经手人，具有独特优势，不仅能够直接接触到大量珍贵文物和历史档案，更能了解具体文物工作决策和实施的完整过程。作者既善于对具体的颐和园文物保护工作进行学术化归纳总结，又长于以学术思维和学术方法谋划和开展颐和园文物工作，这使得该书较好地体现了学术性和实践性的统一，既是可读性强的文物保护通俗读物，又是可以存史的当代文物工作实录。我觉得这是本书最大的特点和优点。

第四，图文并茂，设计精美，配以大量珍贵的文物图片和精美的颐和园风光照片，可谓美轮美奂。这些图片、照片不仅可独立欣赏，更配合说明和深化表达了文章内容，有些图片还是非常罕见和具有学术研究价值的档案资料，这一特点类似于文物工作者策划展览时常用的图文结合、相辅相成的手法，从中可见作者对颐和园研究积累之丰富，以及对读者态度之虔敬。

在新的历史时期，贯彻落实好习近平总书记关于文物和文化遗产工作的系列重要讲话精神，遵循"保护第一、加强管理、挖掘价值、有效利用、让文物活起来"的新时代文物工作方针，努力保护利用好文化遗产资源，讲好中国文物的故事，为中华民族伟大复兴提供深厚的文化支撑，是摆在全国文化遗产和博物馆工作者面前的一道重大课题。秦雷同志的这部《颐和园行走记》，可以说是当前文化遗产和文物保护利用工作发展大潮中的一朵小浪花。涓涓细流，汇成江海，借此也希望文物界的同行不忘初心，砥砺前行，推动文博事业取得新的高质量发展。

郑欣淼

文化部原副部长、故宫博物院原院长

2023 年 10 月

御园赏雪 （左起：裕庚夫人、德龄、慈禧、容龄，后面持伞者为太监崔玉贵）

晚清宫廷中的姊妹花

——德龄、容龄

　　凡是看过一些慈禧太后晚年照片的人，很少不被她身边那两位形貌不俗的妙龄女子所吸引。在垂暮的慈禧和那些或体态臃肿，或神情拘谨的宫廷贵妇的映衬下，两位少女愈发显得青春靓丽，卓尔出群，为黯淡的宫廷旧影增添了一抹难得的亮色。两位少女，就是曾经名噪一时的慈禧太后贴身侍女和翻译——德龄、容龄姐妹。

　　与晚清社会深受封建礼教束缚与摧残的无数不幸妇女截然不同，她们的父亲裕庚，思想较为开明，鄙视传统陋俗，主张中国向先进的西方资本主义国家学习，曾经担任清政府驻日本和法国公使，这些因素给德龄姐妹的成长以深刻的影响：她们的教育是在国外完成的，两人的英、法文好于中文；在法国时受过专业的音乐、舞蹈训练，曾得到世界著名的现代舞蹈家鼻祖依萨多拉·邓肯女士的亲授；一家人经常参加外交界的社交活动。可以说，德龄姐妹是当时接受西式教育程度最高的中国女子。本来，这种经历和教育只会使她们被固守传统的晚清主流社会视为异端而遭排斥，然而不曾想到，时代的际会反而将这一双高度"洋化"的姐妹推到了最高封建统治者的庙堂之中、卧榻之地。

香水 （颐和园藏）

洋瓷咖啡具 （颐和园藏）

英国镀金餐具 （颐和园藏）

　　1903 年初，裕庚一家结束了长达八年的驻外使命返回中国。这时正值《辛丑条约》签订、慈禧回銮北京后不久。经过八国联军侵华事变的沉重打击，慈禧太后转变了与外国列强对抗的态度，其措施之一便是在自己的御园——颐和园频繁接见外国使节及夫人，交谊通好，以改变自己因镇压戊戌维新和利用义和团排外灭洋而给外国人造成的保守残暴的形象。外事活动的开展需要精通和了解外国语言、了解外国的情况而又有一定的中国身份、掌握宫廷礼仪的外事人才，慈禧正为此事犯愁，曾经代表清政府参加英王爱德华七世加冕典礼的贝子载振（庆亲王奕劻的儿子）路过巴黎时，见到和了解裕庚一家人都能讲外国语，回京后向慈禧介绍了德龄姐妹，引起了慈禧的兴趣。1903 年春，德龄姐妹及其母亲三人奉召第一次来到颐和园觐见慈禧太后。慈禧太后对她们极为满意，立即决定予以留用。

　　在德龄姐妹进宫之前，慈禧身边曾有一位名叫俊寿的侍女，是一位清政府驻德公使馆随员的女儿，且只通德语不懂英、法语，慈禧不甚满意，开展外事活动往往不得不依赖公使夫人们自己带来的翻译。慈禧常常听不懂洋翻译的"中国话"，更别说了解对方的更多情况了。德龄姐妹的到来，为慈禧与"洋人"交往和了解外国的情况提供了极大的便利，姐妹俩的受宠也就是极为自然的了。

当时，慈禧在颐和园接见外宾最郑重的地点就是仁寿殿，慈禧坐正中的宝座，光绪皇帝则坐其右边的小宝座，而德龄一般站在慈禧的左边，容龄站在光绪的右边。对介绍到的外宾，慈禧总爱先说"吉祥如意"作为寒暄语。外宾如果是来自共和制国家，她便问候说："你们的大总统好！"对君主制国家的使节则问候："你们的国王好！"若看到一个陌生的面孔，她会进一步问"在中国住多久了""住得惯吗"等等的问题，这些话一般都由德龄翻译。由于毫无实权，光绪皇帝很少开口。正式的仪式结束后，慈禧太后和光绪皇帝便都退回住处，由光绪的皇后、荣寿公主（恭亲王奕訢的长女，人称大公主）、四格格（庆亲王的女儿）、德龄姐妹等官眷们陪同各国使节夫人游览园内风光和用餐，直至将客人送走。当时经常被"赐游"颐和园的外宾有英、美、法、德、俄、日、意等国的公使馆人员及其夫人们。然后，按照慈禧太后定下的规则，德龄等必须马上去向她汇报接待过程中的一切情况，包括公使夫人们对她送的礼物是否喜欢、对饭菜是否满意，尤其是对她本人的评价。

外交经验丰富的德龄母女有时还可以帮慈禧太后处理一些外交上的尴尬和麻烦。如1904年底，日本公使内田康哉的夫人内田政子求见慈禧太后。此时，日本与俄国正在中国的东北进行一场争夺对东北控制权的战争，清政府谁都不敢得罪，竟然宣布"局外中立"，并把辽河以北划为"交战区"，将自己的国土和人民置于两个帝国主义强国战争的残害之下。这充分表现了清政府在外交上的极端软弱，也使它在世人面前都颜面扫地。日本公使夫人在这时求见，慈禧太后不知其意图何在，既怕拒绝会造成误会，又担心接见会引出什么新的纠葛，因此颇感棘手。裕庚夫人建议用容龄担任翻译，说容龄年轻脑子快，内田夫人提出什么不方便的问题可以让她设法岔开，因为是个小孩子，即使出了什么纰漏，对方也不便怪罪。慈禧太后对这个办法非常认可，于是便依此行事。

当时正值隆冬，慈禧太后住在紫禁城，接见便安排在福昌殿进行。宾主双方在经过一番天气、服装话题的寒暄后，内田夫人对慈禧太后说："现在我们使馆里很忙。公使也时常心里有心思，就因为战争的事情。"开始想把谈话引向战争的正题。容龄很机灵，她装作忘了，没有翻译这句话，而是接着原来的话题对内田夫人说："皇太后很喜欢你们的服装，她说很好看。"内田夫人听了，对容龄翻了翻眼皮，笑了一下。慈禧太后看了这种情况，心里也明白了八成，看了容龄一眼。内田夫人身后的裕庚夫人，也现出满意的微笑。内田夫人看到这种情况，只好改口说："我很喜欢旗装，也想做一套。"慈禧说："我送你一套吧。"于是令人拿来了一件绣花旗袍料，内田夫人夸了一阵中国的绣工精妙，又谈了些别的事便向慈禧太后告辞。在院子里，内田夫人对送行的裕庚夫人说："你的女儿很聪明，翻译得很清楚。"裕庚夫人则说："谢谢，不要夸奖她，她年龄小，翻译得不好。"回到殿中，母女三人向慈禧太后详细解释了刚才事情的原委。慈禧又问她们送内田夫人出去时都说了什么，裕庚夫人答道："她只对奴才说：你的女儿很聪明，翻译得很好。奴才想她这句说的是反话。"慈禧太后对母女的表现非常满意。

德龄母女进宫后不久，美国公使康格的夫人请求为慈禧画一幅油画像，参加即将在美国举行的世界博览会，并推荐美国女画家卡尔担当这一使命，得到慈禧的允准。德龄一家在巴黎时便与卡尔相识，卡尔又不通中文，慈禧命德龄姐妹负责接待。生性多心的慈禧担心卡尔住在身边会了解更多的情况，让德龄姐妹陪卡尔住在离颐和园不远的醇亲王花园——蔚秀园，每天早晨赶到园内的乐寿堂为自己画像。慈禧对西洋绘画一无所知，经常问一些让德龄姐妹好笑又为难的问题。比如，她不明白为什么卡尔把她的脸涂得黑一块蓝一块；不明白自己戴的珍珠披肩明明是白色的，为什么有的却被画成粉红色的和绿色的……德龄努力地向她解释这是由于光照的作用，但慈禧始终觉得难以理解。到最后，慈禧还是要求卡尔必须把画像上她的"阴阳脸"改成左右相同的白色面孔；油画画像要求被画者充当模特，但慈禧对枯坐着任人摹画毫无耐心，于是她想出一个主意，即让德龄姐妹轮流穿着她的衣服坐在宝座上代替她，画脸的时候，她才去坐一会儿。卡尔画慈禧像的工作进行了将近一年，大部分时间都是德龄姐妹代劳的。

外国女画师为皇太后画像，这在当时可是件轰动一时的新鲜事。每天早晨，德龄姐妹与卡尔乘车从醇亲王花园出发，鲜衣怒马前往颐和园时，正在仁寿殿早朝前后，很是惹得朝野瞩目。时任京官的高树后来在其《金銮琐记》中有一首诗专记此事："宫门张旌

身着旗装的容龄（右）与日本驻华公使夫人内田政子

掩裙钗，月姊星娥下界来。每到散朝人去尽，风驰一辆马车来。"原注："凡戚眷入湖园宫门，下车时，张旌掩蔽，外人不得见。每日散朝，有车声辚辚，风驰而至宫门，皆曰：此裕庚女儿也。携一西妇，与太后画圣容。"可见，在当时京师官僚阶层的心目中，慈禧太后的新宠——美貌多才的德龄姐妹已经是高不可攀的"天界"人物了。

　　德龄母女不仅在慈禧太后的外事活动中担当了重要角色，也给当时一成不变的宫廷生活带来了不少西方事物的新奇和刺激。一天，慈禧在德龄处看到几幅德龄一家的照片，很感兴趣，便问姐妹俩会不会照相，裕庚夫人开口道："她们两人不会，奴才的儿子勋龄（德龄的二哥）会照相。"慈禧立即下令勋龄第二天早晨来颐和园为自己照相，并当即给勋龄和馨龄（德龄的四哥）委任了在颐和园内的差事。当她听说相片几秒钟就能照好时十分惊讶，于是要求观看勋龄冲洗胶片的全部过程，当看到影像清清楚楚地显现出来，慈禧惊奇地叫了起来："太奇怪了，每样东西完全和真的一样！"她拿着冲洗好的照片回到自己房里，坐在椅子上细细观看，甚至还照着镜子进行比较。最后，她得出结论，照相比卡尔的画像强多了。从此，慈禧成了一个"摄影迷"，多次宣召勋龄为其照相，在她流传至今的 31 种 768 幅照片中，除了与外国公使夫人们的合影及一般的生活照之外，还有扮作观音菩萨的戏装照，可见她对摄影的嗜好之深。光绪听说慈禧在照相，也感兴趣地走了过来，站在勋龄旁边看着。

接触外国人难免需要了解西方上流社会生活礼仪知识，据德龄的《清宫二年记》记载，一天，慈禧不知从哪儿听说外国男女老少都爱跳舞，便想让德龄姐妹在她吃晚饭时表演一下。德龄姐妹碰巧找到一件西洋乐器，便在慈禧的院子里，配着音乐为慈禧等人跳了一支华尔兹。光绪皇后、众宫眷、太监们见所未见，都看得好奇。慈禧倒笑着表示二人跳得很好看，并问她们这样一圈圈地旋转，难道不头晕吗？还说她喜欢看女孩子和女孩子一起跳舞，但如果是一个男人和女人这样一起跳，围着女人的腰，那就太难看了。

说起舞蹈，慈禧和德龄姐妹还是中国舞蹈近代化创新的先行者和推动者。刚进宫时，慈禧听说容龄在国外学过音乐和舞蹈，便说：

1928 年德龄夫妇与好莱坞演员弥尔顿·希尔斯、多丽丝·凯尼恩的合影。照片背面印有："中国公主到访好莱坞：德龄公主和她的美国丈夫迪厄斯·怀特近期作为贵宾探班了华纳兄弟电影《黎明寒烬》（Burning Daylight），1928。"

容龄《如意舞》

"从前明朝末年有个田贵妃，舞蹈很好，可惜现在失传了。我总想让王府格格们研究舞蹈，但总找不到相当的人。既然容龄会跳舞，就让她在宫里研究吧！"于是容龄利用闲暇，浏览宫里所藏的古代绘画中仕女的舞姿，又和懂得中国乐器的太监们研究舞蹈的配乐，糅合自身擅长的外国舞蹈理论和训练，编了一些中国古典舞，如荷花仙子舞、扇子舞、如意舞等。据容龄《清宫琐记》记载，日俄战争爆发后，慈禧一直忧心忡忡愁眉不展，李莲英于是和德龄母女商量给太后跳舞解解闷儿，得到慈禧的允准，专门制作了两套舞蹈服装，并将直隶总督袁世凯在天津的西洋乐队调来给容龄伴奏。表演时间选定了五月初三，地点是在乐寿堂的院子里，铺了一张大红地毯。慈禧的宝座放在廊子正当中，光绪坐在慈禧旁边，两边站着皇后和各王府的福晋格格们。慈禧挑选了三支舞蹈，两支是外国舞，一支是中国的如意舞。表演在跳如意舞时达到了高潮，只见容龄身穿大红蟒袍，梳两把头，大红穗子，手里拿着一个纸胎蒙红缎子做成的如意，这是一袭典型的中国宫廷舞蹈服饰和道具。在如意舞结束的部分，容龄慢慢走到慈禧面前，轻轻跪下，把如意双手举起，李莲英把如意接过来恭敬地递给慈禧。平常宫里有人献如意的时候，一般是太监接过来就直接拿到后面去了，不会经过慈禧的手。但这一次慈禧非常高兴，伸手从李莲英手中把纸糊的如意接过去，拿了一会儿，然后才放在她身边的小桌上。

　　1903年八月间，俄国公使夫人为了表示对慈禧召见的答谢，

左起：瑾妃、容龄、慈禧、德龄、德龄母亲、光绪皇后

邀请慈禧身边的侍女、宫眷们至俄国使馆赴宴。经慈禧准许，前去赴宴的有大公主、元大奶奶（慈禧的侄媳妇）、三格格、四格格（都是庆亲王的女儿）、德龄母女等人。傍晚，一行人回到颐和园，慈禧问："今天吃得好不好？公使夫人说了些什么？"大公主说："吃得很好，主人也很客气，就是饭后的那碗苦水奴才不爱喝。"慈禧说："大概是咖啡吧？我听说饭后喝咖啡是消食的。"又问裕庚夫人："咖啡有法买没有？我也想喝点。"裕庚夫人说：奴才家里有，老祖宗要喝，明天叫他们拿来孝敬老祖宗。从此以后，清宫里也流行起喝咖啡了。

德龄母女还摸熟了慈禧的喜好，每逢节日，都送她一些购自巴黎的法国锦缎、家具、香水、香粉、肥皂及各种洋化妆品等。尽管慈禧极力排拒西方的社会制度，但对这些西方的生活用品却还是乐得消受的。

德龄母女在慈禧身边发挥了他人难以企及的特殊作用，慈禧对这一家人也可谓恩眷优渥：德龄的两个哥哥勋龄和馨龄分别被安排在颐和园的电灯处和轮船处任职；对姐妹俩也常常给予格外的赏赐。1903 年慈禧六十九岁大寿，特赐德龄姐妹穿用大红缎绣金龙，护以云彩镶金边，内衬灰鼠皮，袖口及领口用貂皮的礼服，这是郡主才有资格穿用的服装。慈禧对德龄尤其喜爱，屡次表示将她永远留在身边，并要为她选择一门亲事。至高无上的老佛爷亲自指定婚姻，对臣子下属而言是一件光耀门楣且不可抗拒的恩典。然而，出乎慈禧的意料，在婚姻大事上，德龄鲜明地表现了西方教育熏陶出的独立自主的性格，据德龄的记述，正是此项原因，最后导致了德

民国初期着洋装的德龄

龄姐妹的失宠和出宫。

据德龄自己讲，1903年入宫时她已18岁，尚未婚配，这在当时的社会里是极其罕见的，慈禧主动为其择配也的确应视为对她的特殊眷顾。但德龄自幼便随其父游历日本和欧洲各国，西方文明深入骨髓，见多识广，心高志大，富于理想，一般国内皇亲贵胄、纨绔子弟岂能入其青眼！按当时的观念，慈禧为她挑选的倒也是满族亲贵中的上上之选：第一个是清廷已故重臣、慈禧亲信荣禄的儿子，家财丰厚。"终身大事，父母做主"，慈禧商诸德龄的母亲，但令她怪异的是，裕庚夫人竟然让她征询德龄本人的意见。慈禧又问德龄，德龄以父亲有病和愿长住宫中陪伴太后为由表示拒绝。慈禧有些扫兴，但并未因此怪罪德龄，不久又为她选择了一位王爷（据说是醇亲王载沣，娶荣禄的女儿为妻，为末代皇帝溥仪的生父），德龄仍以其父有病为由婉拒。这一回真的把慈禧激怒了：醇亲王是光绪皇帝的亲弟弟、自己的侄儿加外甥，是大清国最为高贵的出身和血统，德龄竟然如此不知天高地厚，眼中还有自己和爱新觉罗家族的尊严吗？简直是忤逆狂悖！慈禧大骂德龄忘恩负义，德龄无以自辩，只有暗中请李莲英设法斡旋。据德龄讲，其后不久她便因父亲病重离开了宫廷。后来，有人就此事赋诗道："莲花为貌玉为肤，能读斜行异国书。长信恩深甘薄命，茂陵不聘女相如。"原注："驻法钦使裕庚之女，长身玉立，姿容绝世，兼通翰墨，能英、法语及其文字。孝钦召入宫，甚宠异之，欲赐婚醇邸，女固辞不允，遂出宫。"便将德龄的拒婚与失宠出宫联系在一起。

关于德龄出宫的原因，还有一种说法更为耸人听闻，就是德龄心仪的目标是光绪皇帝，并怀有一定的政治企图。曾在清宫做过二十多年太监的信修明，晚年在其回忆录中便持此说，他言道："裕庚母女本是上海有名的大交际家，进宫内有至大的目的，总愿意与光绪爷接近，将来好做娘娘之选。她们不知道皇上不爱女色，常勾引与皇上接近的太监做引线的联络，不达目的不止，尤其借以探听宫廷秘密……"囿于自身的立场、见闻，信修明在回忆录中对慈禧的所作所为多所辩护，有不少主观不实的内容，但在德龄出宫的问题上，揆诸包括德龄自己的回忆录在内的其他资料，信氏之说似乎并非完全是空穴来风。

据德龄在《清宫二年记》中自言，进宫的第一天，她便发下宏愿，要"有机会劝劝太后，并且帮助她把中国的政治来一番革新……发誓尽我的力使中国成为一个前进富强的国家"。有不少次，德龄想实施自己的计划，告诉慈禧"一般人对她的见解怎样，让她可以看到一切事情的真相"，"劝她改造中国"，但都因感觉时机不成熟而作罢。对这样一位深受西方文明熏陶，对改革落后中国抱有强烈愿望的妙龄女子来说，一位近在咫尺、曾经发动过一场轰轰烈烈的旨在学习西方、改革中国的变法运动的青年皇帝引起她的极大好感乃至刻意接近应是极其自然的事情。

在德龄的笔下，光绪与她有着非同一般的接触：她曾教光绪学英文、学钢琴，共同交流对西方文明的见解；光绪也很信任她，常常把自己的困难、痛苦和愿望告诉她，甚至还引她为唯一可以吐露心声的知己，希望她劝慈禧推行新政……无论从森严的宫禁礼法还是当时险恶的权力斗争形势推想，一个太后侍女与一位被幽禁的皇帝的这种深度交往都只能给双方带来巨大的风险。当然也不能排除德龄的许多描述中掺杂着一些基于主观愿望的个人想象。据容龄在《清宫琐记》中回忆，她们"没有机会和光绪多接近"。据说，光绪曾向德龄母女询问过康有为的消息，而曾经鼓动光绪发动维新变法运动的康有为是慈禧最为仇恨的人物，她更怕光绪通过德龄母女与海外的维新力量结合起来，于自己不利，德龄母女与洋人交往很深，不便遽尔加罪，于是便要了一个小计谋，将母女驱逐出宫（据说德龄的母亲有偷窃宫中宝物的毛病，慈禧因其可用，未予计较，此次则安排太监打好埋伏，将再次行窃的裕庚夫人拿了个正着，母女无颜立足，遂自请出宫）。

多年之后的 1935 年 7 月，德龄在《瀛台泣血记》一书的中文版序言中，坦言自己"是一个私心敬慕光绪的人"，原因"是完全受了他那和蔼的态度、广博的知识和高超的见解所感动"，她赞美光绪"是一位尽心为民众谋福利的伟大人物"，并表示她所著的这部有关光绪一生历史的作品发表之后，"竟能把世界上一向对这位不幸的国君所持的种种误解，就此一扫而空，那是我一定要引为非常快慰的"。德龄的一系列作品，涉及了晚清中国政治舞台的诸多核心人物，如李鸿章、荣禄、袁世凯、恭亲王、端亲王、康有为、李莲英、隆裕皇后、光绪、慈禧等，但只有光绪一人始终独享着她的无限崇敬、赞美、怜悯和痛惜。

关于德龄母女出宫的确切时间，德龄在其《清宫二年记》中说是 1905 年底，容龄在其《清宫琐记》中则说是 1907 年春。1934 年，容龄在为德龄《御香缥缈录》中文版所作的序言中又说德龄出宫是在慈禧去世之前，她本人出宫是在慈禧去世之后，中间有三四年的间隔，前后彼此都颇为矛盾。

德龄姐妹出宫后回到上海，在当时的华洋交际场中相当活跃。后来德龄与美国驻上海副领事迪厄斯·怀特（T. C. White）结婚，容龄则嫁给了一位叫唐宝潮的中国军官。婚后不久，德龄随夫赴美，怀特改行在一家报社担任新闻记者，德龄也跟着开始了她的著作生涯。1911 年，德龄用英文出版了自己第一部记述晚清宫廷生活的作品《清宫二年记》，取得了巨大的成功，盛销不衰，多次重版。在此成功的鼓励下，德龄相继用英文写出了《童年回忆录——清末官场与政局写照》《瀛台泣血记——光绪皇帝血泪秘史》《御香缥缈录——慈禧太后私生活实录》等系列清宫作品，由于所述皆珍闻秘辛，且文笔优美流畅，在海内外都产生了很大的影响，德龄也因此获得了相当大的知名度。但实事求是地说，除去《清宫二年记》和《童年回忆录》尚可勉强视为历史回忆外，其他两部作品只能看作是三分史实、七分虚构的历史小说了。究其原因，一是德龄在宫内所居时间较短，囿于闻见，对许多历史事件和人物并非真正清楚，难免掺杂一些自己的误解和道听途说的传闻；其二，为吸引读者，扩大发行量，写作时有意加入想象和虚构；第三，有较强的个人表现欲，常故意夸大自己的地位和作用，一个典型的例子便是德龄在书中宣称慈禧曾封她们姐妹为"公主"或"郡主"。1934 年 4 月，容龄曾在《申报》上公开撰文，毫不客气地评论其姐的作品："只作小说看，为消遣释闷则可，若视为纪事，则半属镜花水月，虚而不实，且未免有伤忠厚。"容龄对德龄作品的批评，应当是相当说

20 世纪 20 年代的容龄　（民国时期北京著名的阿东照相馆拍摄）

明问题的。容龄也有历史回忆录《清宫琐记》问世，内容较为真实可信。

1927年，德龄曾回国住过一段时间，还在上海的兰心大戏院演过几天英文戏，所演的就是清宫秘史之类的剧本，由她扮演慈禧太后，广告里当然少不了要写上"德龄公主"的大名，一时间很是风光。但不幸却接踵而至，她和怀特生的一个男孩，未成年便夭折了；不久，她和怀特又离了婚，在纽约过着独居的生活。1935年的秋天，她独自回国，当时《御香缥缈录》一书刚在《申报》上连载完，将此书译成中文的秦瘦鸥专程去上海的华懋饭店拜访了她。这时的德龄已经年至半百，衣饰全部洋化，对人也尽可能不讲中国话，已经完全是一位西化的老妇人了；由于有丰厚的稿酬来源，其衣食住行还显得相当阔绰。1944年，正值中国抗战时期，德龄曾参加了美国援华社团组织的"中国之夜"及"一碗饭运动"，表明已经深深融入西方社会的她对故国仍有一份不能释怀的情感。1944年11月22日，德龄在加拿大因遭遇车祸，医治无效去世。容龄则以中国近现代舞蹈史上第一个学习欧美和日本舞蹈的舞蹈家著称于世，被称为"蝴蝶舞后"，她所创作的中国风格舞蹈作品剑舞、扇子舞、菩萨舞、荷花仙子舞、如意舞等，取材于中国的民间舞蹈和京剧舞蹈，是对中外舞蹈艺术的融合，也是中国传统舞蹈现代化早期尝试的成果，取得了很高的成就。新中国成立后，容龄被聘为中央文史馆馆员，于1973年在北京去世。

2002年

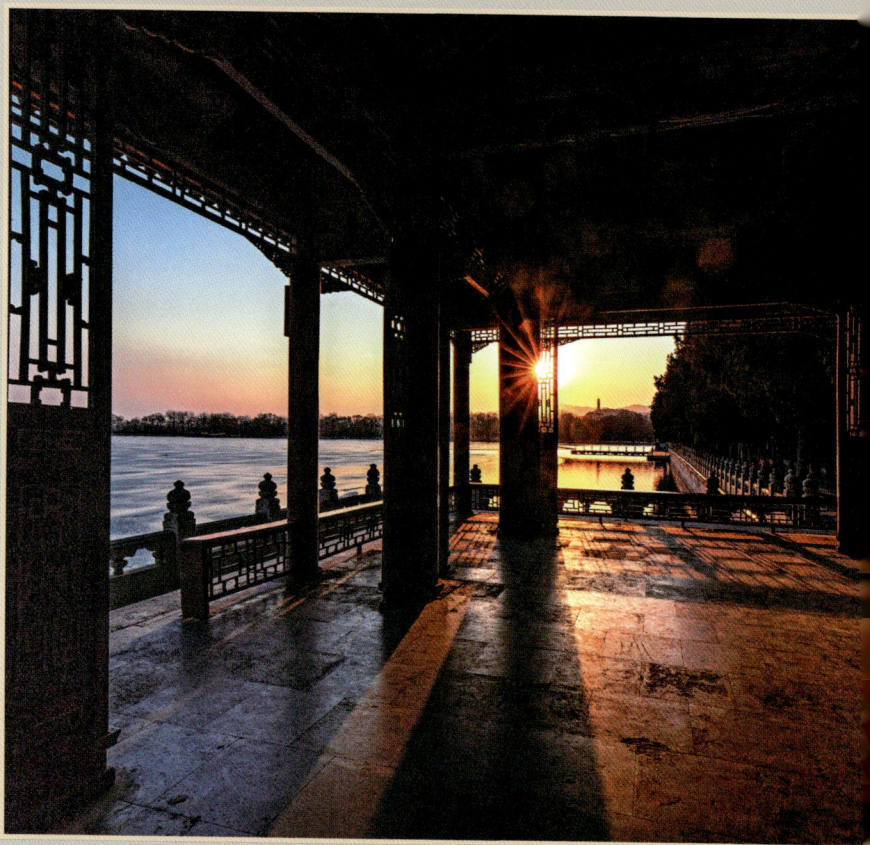

鱼藻轩

自沉昆明湖的国学大师
——王国维

鱼藻轩，是颐和园昆明湖北岸一处观赏风景的好地方，伫立轩前凭栏而望，只见青山如屏，堤桥如画，"仙岛"错列，古木森郁，百顷碧波奔来眼底，良辰美景令多少人流连忘返。然而，很多人也许并不知晓，七十余年前，一位文化巨匠就在这里挣脱了一切人世间的羁绊，举身一跃，投湖自戕，终结了自己年仅 51 岁的生命和如日中天般的学术研究事业。这不仅是当时震惊海内外的重大事件，也给中国文化史留下了一个七十余年聚讼纷纭的谜团。这位文化巨匠，就是被称为"前三百年难得，后八十年罕有"的一代国学大师、时任清华研究院教授的王国维先生。

一、其人其学

王国维，字静安，号观堂，1877 年 12 月 3 日出生于浙江海宁一个家道中落的书香门第，七岁入塾受启蒙教育，十余岁时便以诗文出众闻名乡里。1895 年，清政府在中日甲午战争中战败，被迫签订了丧权辱国的《马关条约》，激起了国内知识阶层如火如荼的维新风潮，年轻的王国维也深受影响，立志研求中西方学术。1898

年初，22 岁的王国维从家乡来到上海，在著名的维新报刊《时务报》馆担任职员以糊口，同时进入罗振玉出资创办的"东文学社"学习日文、英文和数、理、化各学科。开始一段时间，罗振玉并没有对王国维另眼相看。一日，罗振玉从一位学生的扇子上看到王国维书题的诗句，激赏其才华，开始给予大力提携。从此，王国维获得了专心求学的机会。

1901 年，王国维在罗的资助下赴日本留学，不久病归，相继在南通师范学堂及江苏师范学堂任教，同时帮助罗振玉主编《农学报》《教育世界》杂志。这期间，王国维开始攻读康德、叔本华、尼采等西方哲学家的著作。1907 年，王国维来到北京，在清廷学部任职，其学术研究由哲学转向文学，尤以戏曲史研究为重点。1911 年，辛亥革命爆发，王国维随保皇的罗振玉逃亡日本，专事古文字、古器物的研究，学问日益精进。1916 年，王国维回国，继续致力于甲骨文考释及商周史的研究。1923 年，经已成为逊清遗老的罗振玉等人的举荐，王国维被溥仪小朝廷任命为"南书房行走"，参与检验内府所藏的古器文物。1925 年，受聘为清华研究院导师，以精深的学识、笃实的学风，被公认为清华"四大导师"之首（另外三人为梁启超、陈寅恪、赵元任），直至自沉。他一生著述宏富，大都辑录在《海宁王静安先生遗书》中。

王国维是在中国近现代中西文化交流会通的大潮中涌现出来的最杰出的学者，在文、史、哲诸方面均取得了划时代的成就，堪称中国近现代学术史上一座万众景仰、难以逾越的高峰：他被称为"中国近代美学之父"，是将西方美学系统引入中国的第一人；是现代

"红学"的奠基人；对现代文学评论有开创性的贡献；也堪称清末的诗词大家；他"对于哲学的观察，也不是同时人所能及的"（蔡元培语）；是中国"新史学的开山"，对上古史、唐史、宋史、蒙古史、历史地理学、敦煌学等，均有非凡的开拓；对甲骨文、金文、简牍文、石经文等古文字学均有深湛的考释；对传统的音韵学、训诂学、版本目录学、校勘学也有卓越的建树；对现代图书馆学、编辑学、档案学、教育学、心理学等学科的发展，都有不菲的贡献。如郭沫若所誉，王国维"遗留给我们的是他的知识的产品，那好像一座崔巍的楼阁，在几千年来的旧学的城垒上，灿然放出一段异样的光辉"。

民国时期的东宫门外

二、遽尔自沉

1927年6月2日（农历五月三日），王国维晨起，夫人潘氏为他梳理发辫，虽清朝已亡十余年，但王国维始终未剪辫子，并进早餐，与平时无丝毫异样。八点到校，王国维叫研究院的职员到他家拿学生的成绩稿本，并与院里同事商谈下学期招生事宜，一切如往常自然。九点左右，他向院办公处秘书侯厚培借两块银圆。大家都知道王国维没有带钱的习惯，所以不以为怪。侯身边无零钱，就借给他一张五元的纸币。王国维遂即至清华校门外，叫了一辆编号为35的人力车直奔颐和园。十点左右，车子来到颐和园门前，王国维下车，让车夫等候，然后花六角钱购票入园，漫步过长廊，先在石舫前兀坐沉思。约半个小时后，他步入鱼藻轩，点燃了一支"哈德门"牌纸烟，一纸吸尽后，便从轩前的石阶上纵身投入湖中。此时大约是上午十一时。当时距鱼藻轩十几米处，正巧有一位园丁，见有人跳水，随即跳入湖中，将王国维捞救上岸。整个入水过程至多不超过两分钟，但由于湖水浅，湖底都是淤泥，王国维入水时头先触底，口鼻为淤泥所塞，救上岸时已经气绝。此时，其内衣尚未湿透。

这边，王国维的家人不见他回来吃午饭，因正逢期末学校事多，所以并未在意。下午两点，王家派人到学校询问。同时，王国维的三儿子王贞明在校门口打听到了王国维的去向，立即赶赴颐和园，半途中正与35号车的车夫相遇。原来，车夫在王国维进园后，一直在园门外等候，直到下午三点，颐和园的看门人觉得蹊跷，便询问原因。车夫说在等一位上午进园的老先生。看门人在问过老者的

五十三年只欠一死經此世變義無再辱

我死後當草草斂即行藁葬於清華塋地比

等不能南歸不可暫於城內居住汝兄不必

奔喪固道路不通渠又不曾出門故也書籍可

託陳吳二先生處理家人自有料理必不至不能

南歸我雖無財產分文遺汝等然苟謹慎

勤儉亦不至餓死也

五月初二日父字

王国维遗书

年龄相貌后，告诉车夫老者已经投湖而死。35 号车夫见事关重大，立即拉着一名巡警回清华报信，正与赶来的王贞明相遇。王贞明到颐和园看过遗体，然后去警察局立案，等法医检验。

消息传到清华时已是晚上七点多了，师生们极为震惊和悲痛，校部立即召开紧急会议商讨善后办法。会后，校长曹元祥、教务长梅贻琦率领研究院师生三十余人，乘汽车赶赴颐和园探视遗体。此时已是晚上十时左右，由于当时北京的社会气氛相当紧张，颐和园有驻军保卫，拒不开门，经过一个多小时的反复交涉，才允许校长、教务长等三人入内，众人只得返回。

第二天下午，研究院师生齐赴颐和园。众人在园丁的引导下来至鱼藻轩，王国维的遗体仍放在轩内的砖地上，上覆一张污破的芦席，芦席的四角各压一块砖头。揭开芦席，只见死者面目紫胀，四肢蜷曲匍匐地上，景象煞是凄惨。据当事人回忆，当时天空阴云密布，雷声频作，众人皆为遗体担心，幸而未下雨。四点半左右，北京检察厅的检察官才赶到，验尸时发现衣袋中有四元余钱和一封遗书。遗书已有些浸湿，但字迹仍清晰能辨，中有"五十之年，只欠一死。经此事变，义无再辱"等语，遗书末明标日期为"五月初二日"，可见是写于自尽的前一天。五时许，众人将遗体抬至颐和园西北角门外原为太监下处的三间小房内，由校医梳洗后入殓。傍晚七时许，王国维的棺柩被运至清华园南的刚秉寺停灵。6 月 7 日，清华研究院学生在刚秉寺祭奠，并向校方提议筑碑纪念王国维。

一代学术巨星陨落，震惊了海内外学术界，当时国内各报纸纷纷加以报道，而一些重要的学术杂志，如《国学论丛》《学衡》等还出版了纪念专号；德、法等国的学者和学术机构也表示致意，日本学术界还专门于京都的寺庙中诵经追悼王国维，发表了一大批纪念文章。在中国近现代学界，身后能够享有如此哀荣的，此前还不曾有。

三、死因诸说

王国维在学术研究如日中天之时遽尔自沉，且前一天就写好遗书，当天又去得意态从容，可见死志的坚决；加之遗书的简约不明和当时社会情势的异常复杂，为人们留下了丰富的想象空间和各色人等争论的基础。七十余年来，人们对王国维的死因提出了种种看法，聚讼纷纭，互相辩难，莫衷一是，笔墨官司打得相当热闹。概括起来，主要有以下几种观点：

1. 殉清说

即王国维出于对清朝的愚忠而自尽。主要理由有：王国维在政治上非常保守，与清室关系密切，至死未剪象征忠于清朝的发辫。王国维死后，溥仪"下诏"赐予王国维"忠悫"的谥号，并派贝子溥忻前往祭奠，赏银两千元治丧。此观点认为，"五十之年，只欠一死。经此事变，义无再辱"的遗言是王国维殉清最直接的明证（王国维遗书大都是对身后家事的安排，真正涉及死因的只有开头这十六字），因为早在1924年11月冯玉祥发动北京政变，将溥仪逐出紫禁城时，王国维抱着"君辱臣死"的古训，就有自杀的意图，只是家人严加看护，才未能得逞。1927年，北伐军节节胜利，直指京津，势不可当，流寓天津的溥仪定不见容于国民革命运动，比起当年冯玉祥的"逼宫"，此次可算"再辱"，王国维遂决意实践其久蓄于心的"死节"夙愿；之所以在选择颐和园昆明湖的鱼藻轩前自沉也颇能说明问题。其好友、清朝遗老金梁曾于"自沉"发生的三天前造访王国维，王国维于谈话中忽然提到了颐和园，并说"今日干净土，惟此一湾水耳"。"自沉"事件发生后，金梁当即认为这是"有所示意"的，因为"鱼藻"出典于《诗经·小雅·鱼藻》，诗中"鱼在在藻，有颁其首；王在在镐，岂乐饮酒"的咏叹，表达的便是臣民对君王的担忧和讽劝。这是关于王国维死因影响最大、流传最广的观点。

2. 恐惧受辱说

即害怕遭到北伐军的凌辱迫害而自尽。当时，北方的知识分子普遍对澎湃汹涌、节节推进的南方革命力量心怀恐慌。1927 年春，湖南的叶德辉事件和湖北的王葆心事件尤其给北方的知识分子以很大的震撼。叶德辉和王葆心都是有学问的地主，尤其叶德辉，是胡适当时最佩服的四位中国学术泰斗（另外三人为王国维、罗振玉和章太炎）之一，像王国维一样，也至死保留着象征忠于清朝的辫子。二人都因为不满农民运动而被处死；同时，浙江军政府也籍没了章太炎的家产。当时，北京有不少人认为北伐军将会对王国维不利；王国维的一些好友、学生也劝他识时务，剪去辫子，以避锋芒。这些情况都使王国维对未来的时局感到恐惧和绝望，"怕国民革命军给他过不去""不畏枪杀而畏剪辫"，故有自沉之举和"经此事变，义无再辱"的绝笔。

3. 罗振玉逼迫说

主要理由有二：其一是逼债。据郭沫若说："……大体的经过是这样的，罗在天津开书店，王氏之子参与其事，大折其本。罗竟大不满于王，王之媳乃罗之女，竟因而大归。这很伤了王国维的情谊，所以逼得他走上了自杀的路。"此外，溥仪在其《我的前半生》中也提供了另一个传闻，说是清帝内务府大臣绍英托王国维代售一批字画。罗振玉得知后，从王国维手中要了去，说可以替他卖，但卖后把所得的一千多元扣留，抵消王国维欠他的债务，致使王国维无法面对绍英的催促，因而自尽。其二是罗振玉在王国维的大儿子死后，把新寡的女儿从王家接回，使王国维感到很丢面子，与王国维有近三十年交往的殷南说："既有长子之丧，又遭挚友之绝。愤世嫉俗，而有今日之自杀。"1949 年以后，郭沫若和溥仪的书印行很多，这种观点也就广泛流传开来。

4. 殉文化信念说

王国维自沉后，其好友、著名史学大师陈寅恪在《王观堂先生挽词并序》中认为：王国维是"中国文化精神所凝聚之人"，他之所以自杀，并不是为了什么王朝兴亡、个人恩怨荣辱等具体问题，而是因为中国文化精神这一"抽象的理想"的衰灭，使他极感痛苦，最终要与这一文化同命共尽以求义尽心安。两年后，陈寅恪在为王国维纪念碑题写的碑铭中指出，王国维"以一死见其独立自由之意志，非所论于一人之恩怨，一姓之兴亡"。进一步提炼了王国维自沉的精神价值和文化意义。这一观点尤其对后来的知识阶层产生了深远的影响。

清华大学校园内王国维纪念碑

5. 性格悲观说

王国维自幼性格忧郁内向，平时沉默寡言，不善交际，但另一方面又怀有崇高的理想，推崇气节，追求纯粹的学术研究，鄙视功利；他青年时接触了叔本华的悲观主义和天才观哲学并深受其影响，对社会人生问题常感痛苦，只有在埋首学术研究中求得慰藉。然而，清末民初以来军阀的混战、政客的相争、日益败坏的政局，却令执着于理想的他倍感失望和愤懑，加上爱子早丧、朋友绝交和再次的"屈辱"将至，终于促使他做出了弃绝人生的抉择。

6. 综合说

即政治的、思想的、现实的、历史的、性格的等多种因素综合作用的结果。

四、死因新论

就一时的轰动和之后的影响而言，王国维自沉无疑是20世纪文化界经久不衰的话题，聚讼纷纷七十余年，被称为中国文化史上的世纪之谜，正从一个侧面反映了王国维在学术史和文化史上的重要地位。近年来，随着研究的深入，一些长期笼罩在王国维死因上的迷雾已被廓清，另一些未曾彰显的意义也正在被发掘出来。

关于"罗振玉逼迫说"，之所以出笼和广泛流行，大概和罗振玉的政治立场有关。罗振玉是溥仪复辟集团的重要成员，深陷于这一集团内部激烈的权力斗争中，王国维之死由罗振玉逼迫之说，很可能就来自当时政敌的构陷。后来，罗振玉追随溥仪出逃东北，成了"遗老"加"汉奸"，声名更为不佳。此说后经郭沫若大力发挥，

民国时期的颐和园鱼藻轩内西望

溥仪随声附和，几成为不刊之论。直至20世纪80年代，王国维致罗振玉的最后三封书信发表，罗王两家后人均出面否认，此说才得以澄清。"惧怕受革命之辱说"，也不足以说明问题。因为当时王国维既可听其学生之劝迁徙山西长治，也可应不少日本学者之邀避居京都，并不是非自尽不足以免"辱"。"性格悲观说"多揣测而少实证。"综合说"则给人和稀泥之感。所有这些将王国维之死庸俗化的说法，恐怕都是由于文化观念的差异而未能深入王国维的精神世界的缘故。

　　无论是"殉清"还是"殉文化"，在今天的一般人看来，大概只会觉得十分迂腐和不可理解，即使是在当时的王国维的朋辈学生中，除了那些同王国维政治立场和文化背景相近的少数人，如罗振玉、金梁等遗老及陈寅恪、吴宓、梁启超等大学者，能够理解王国维自沉行为的人也较为寥寥，一般人主要还是出于对王国维学术成就的敬仰而表示哀悼和惋惜。但相映成趣的是，当时众多的日本学者却无不认为王国维自沉是"殉清"，且极致敬意，甚至称其"以气节文章警醒一世，吐万丈之光焰……胜于著书千百卷矣"。这一现象只能从日本有"万古一系"的天皇制传统，以"忠"立国，王国维的行为自然引发他们的道德共鸣方面去寻求解释。对此，梁启超比较深刻地指出，只有"以中国古代道德观念去观察"才能理解王国维自沉的意义，并将王国维与投江的屈原相提并论；而在王国维的至交陈寅恪、吴宓的眼中，"殉清"和"殉文化"则是互为表里、本质相同的。他们肯定王国维自沉是"殉清"，陈寅恪在《王观堂先生挽词》中明确地以"他年清史求忠迹，一吊前朝万寿山"结束全篇即是明证；但他们又反对将王国维自沉归因于单纯为清王朝尽忠，而是指出这一具体行为的背后有着超越具体情境的精神追求和文化意义，即王国维不惜殒命要真正维护的乃是他们眼中的中国传统文化的核心内容和远远超越一朝一代兴亡的精神信仰——"三纲六纪之说"或"礼教道德之精神"。以此参照王国维《送日本狩野博士游欧洲》诗中"汉土由来贵忠节""兴亡原非一姓事"的咏叹，不能不承认陈寅恪、吴宓等人对王国维的体味是更深刻的。

由此可见，王国维之所以自沉昆明湖，表象上是为已经灭亡十余年的清王朝"尽忠殉节"，而在更深的层次上，乃是出于对革新潮流浩浩荡荡的时代传统精神信仰和价值观念消亡殆尽的极度愤懑和痛苦。这固然反映了王国维的政治、文化观念保守的一面，但是也应该看到，晚清民国以来，为了迅速摆脱落后挨打的地位，致国家于富强，中国人匆率地从西方引进各种救国药方，而对中国固有的一切典章文化，则视为富强的阻碍而急切地宣布打倒摒弃。这反映了民族危亡压力下中国人普遍的失衡和浮躁心态。而事实也表明，无论是从西方引进的君主立宪设计还是民主共和理想，都未能立即在中国国土上结出善果。入民国以后，军阀割据混战、政客扰攘劫夺，社会失范加剧，人民陷于水火更甚晚清。这种社会情势无疑更加强化了王国维等人对中国传统文化价值的认同和皈依。如果撇开政治立场的是非，王国维的自沉，应该可以看作中国知识分子传统的"济世"情怀的反映，是在特定的历史情势下对中国传统文化中"舍生取义"信条的自觉实践。一位开创性地将西方近现代学术观念和方法引进中国文化研究的大学者，最终却在新旧递嬗的时代为旧王朝和旧文化而殉身，这本身也是一种发人深思的文化现象。

"……西直门西柳色青，玉泉山下水流清。新锡山名呼万寿，旧疏湖水号昆明。昆明万寿佳山水，中间宫殿排云起……"这首王国维于 1912 年创作的哀悼亡清的长篇七言古诗《颐和园词》曾一时称颂海内外，被赞为"近今之所罕见"的名篇和历来咏叹颐和园诗歌中的杰作。因此，王国维自沉昆明湖后，有人在文章中写道："先生的高节，以颐和园开始，又以颐和园结束，其间用辫发结得非常结实。"也许王国维保守的政治、文化信念不值得称许，但他对中国学术的杰出贡献必将彪炳千古，永远为后世所记取和追怀；而且，随着时间的流逝冲淡了政治是非的色泽，王国维自沉的文化意蕴也将为越来越多的人所认知。

2003 年

胡博·华士

为慈禧画像的外国男画家
——胡博·华士

　　慈禧太后晚年曾经两次接受外国画家为其绘制油画肖像，第一次是由美国公使康格的夫人萨拉·康格推荐的美籍女画家凯瑟琳·卡尔担任，从 1903 年 8 月开始，至 1904 年 5 月完成，历时甚长。画像的目的是参加当年在美国圣路易市举办的世界博览会，向国际社会展示这位中国女主的"良好"形象，以改善其因镇压戊戌维新和支持义和团排外运动而给外国人造成的负面印象。博览会结束后，清政府将这幅画像赠送给了美国政府，现藏华盛顿国家博物馆。1905 年，卡尔出版了根据自己在颐和园和宫中为慈禧画像的经历写成的回忆录，取名《与中国皇太后在一起》（中译本名为《慈禧写照记》），风行海内外，至今销路不衰，卡尔及其慈禧油画像也因此名声大噪，广为人知。由于缺少一部类似《慈禧写照记》这样的畅销书的有力造势，慈禧太后的另一幅油画像及其作者胡博·华士就远没有前者那样的知名度，尽管华士的绘画艺术造诣远在卡尔之上。

　　胡博·华士（1855—1935 年），出生于荷兰，1893 年加入美国籍，长期游学欧洲，广泛学习雕刻、绘画等艺术，后专攻肖像画，是当时欧洲著名的肖像画家，曾经为荷兰女皇、俄国驻英大使等欧洲权要画像。1899年，华士首次来华，受美国公使康格、英国公使窦纳乐推介，曾经为庆亲王奕劻及李鸿章、袁世凯等朝廷重臣画像。据说慈禧后来看到了奕劻的画像后，非常喜欢，于是才有了外务部的出面相邀。应当说，从肯于接受一名外国女画家到主动邀请一名外国男性画家为自己画像，表明慈禧的思想观念又与时俱进了很多。

1905年，华士受清廷外务部邀请再次来华，预先讲好是要为外务部官员画像。6月10日，当华士到达北京时，外务部侍郎（相当于副部长）伍廷芳却悄悄地告诉他，画像的对象是慈禧皇太后。华士在给亲友的信中说：得到这个消息，他当时颇有怒气，说早知如此，他要索取双倍的价钱；但他随即表示，这样千载难逢的机会绝不能用报酬的多寡定取舍，他会全力以赴。

华士第一次觐见慈禧并为其画像的时间是6月20日，地点在紫禁城西侧的三海，当年卡尔也曾在这里进行画像工作，但华士没能获得卡尔那种整天随出随入长达八九个月的从容绘画时间。慈禧给华士的写生时间是三次，后来增加为四次，每次近一个小时。因此，华士不得不先在现场将慈禧的头像在小幅画布上画下来，回到自己的住处后再在大幅的画布上创作，同时还要利用慈禧的照片并对人像背景予以拍照。当时正值酷暑，华士对画像倾注了极大的热情，每天都在自己下榻的旅店里挥汗如雨地紧张工作。

与先前的卡尔一样，华士也未能完全遵照西方肖像画的基本技巧进行绘画。慈禧等人反复要求面部不能出现阴影；而且眼睛要加

胡博·华士绘庆亲王奕劻

（首都博物馆藏）

胡博·华士绘李鸿章像

（胡博·华士之孙捐赠，首都博物馆藏）

胡博·华士绘袁世凯像

（首都博物馆藏）

大清國慈禧皇太后

胡博·华士绘慈禧油画像 （颐和园藏）

大；嘴部要显得丰满，不能下垂；双眉要直，鼻子不着任何阴影。"总之，不要阴影、不要阴影、不要阴影，也不要皱纹！"华士后来在书信中向亲友抱怨道。但华士也逐渐认识到这里包含着中国人对肖像画的不同理解，认识到慈禧等人想要的并不是一幅写实的肖像，而是一幅具有象征意义和富于寓意的纪念像。最后，由于减去了面部的阴影和皱纹，已经71岁高龄的慈禧太后，被"成功地绘出了一个30岁妇人的容貌"（华士致亲友信中语）。慈禧等人极为满意，胡博·华士也深感荣幸，他自信，将来的历史学家研究慈禧一生事迹时，他会是其中的一部分，并宣称："我的名字胡博·华士，将会重复出现在中国的史籍里。"

但华士仍然心有不甘，他决心以起初那幅写实的初稿完成一幅完全写实的慈禧肖像画。回国后，华士以细致的笔法、阴影的运用和对人物内心性格的捕捉，将一个威严、矍铄、透露着凛凛霸气的年迈女统治者的形象表现得淋漓尽致，显示出了深厚的艺术功力。这幅画像现藏美国哈佛大学福格博物馆。而深为慈禧等人满意的华士第一幅油画像，则一直收藏在颐和园中。画像画面通高232厘米，宽142厘米，画中的慈禧端坐宝座，着黄色寿字袍服，手持牡丹花团扇，戴金护指套，身后为竹林画垂帘，侧后左右对称设有鸾翎宫扇和方几、托盘，盘内呈金字塔状层层码放着新鲜的苹果，那是慈禧所居之处特有的"空气清新剂"。除了对慈禧面部光影的处理反映了当时中国宫廷对肖像的观念外，画像上端还有一题写着"大清国慈禧皇太后"汉字的横条，正中绘有"慈禧皇太后"方形红色印章，左右两边分别有"宁寿宫"与"大雅斋"小章，左下方竖写"光

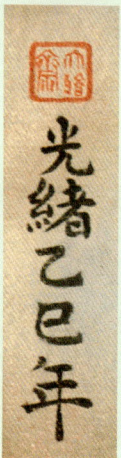

绪乙巳年"（即 1905 年），横条的形式极似一方中式建筑上悬挂的匾额。这些中式场景和中式元素为该画像赋予了浓厚的中国特征，可视为 20 世纪初中西方绘画艺术观念碰撞与交流融合的珍贵实物。由于慈禧不要阴影的要求只是局限在面部，故华士充分发挥了西洋绘画技法运用阴影和明暗表现衣服褶皱和光泽方面的长处，使得明黄丝袍极具真实质感。在画面的左下角，有竖写的"华士·胡博恭绘"中文及横写的"Hubert Vos"英文签名。

值得一提的是，"华士·胡博"这个名字还是慈禧所赐。按照英文的惯例和顺序，华士的姓名翻译成中文本该为胡博·华士，华士先前在给奕劻及李鸿章等人的画像上中文书名也是胡博·华士。慈禧认为，按照中华习俗，姓氏应在名字之前，因此特赐其中文姓名为华士·胡博，为华士欣然接受，反映出当时的慈禧尽管自知在国势上不如外国，但对本民族的文化习俗还是充满了自信。

2008 年

大清国慈禧皇太后

胡博·华士绘慈禧画像 （哈佛大学藏）

老照片中的水操学堂 　(颐和园藏)

晚清海军"贵胄学校"
——昆明湖水操学堂始末

昆明湖水操学堂，是清朝光绪年间设立的一所专门培养满族海军人才的军事学校，校址位于颐和园昆明湖西北岸原清漪园耕织图景区的地域内。如同流星一瞬，学堂在历史的幽暗天际划过一条短暂的轨迹后很快淡出了人们的记忆。通过对大量第一手历史资料的搜罗、挖掘与梳理、解读，笔者试图将一个真实、完整的昆明湖水操学堂的形象还原在世人面前，不仅为人们认识昆明湖水操学堂，认识学堂与颐和园重建之间的重大历史关联，也为认识产生与终结学堂的那个时代，提供一个有益的参照。

一、破天荒的创举

昆明湖水操学堂的创立有着深刻的历史背景。自 19 世纪初主要西方国家相继完成工业革命以来，东西方世界的国力对比和战争形式发生了重大变化，清政府再也无法凭借辽阔海洋的天然屏障和弓马刀矢的冷兵器装备继续做其闭关自守的"天朝"大梦了。经过两次鸦片战争、中法战争失败等一系列事件的沉重打击，清朝统治者中的开明人士深切感到，要想抵御日益严重的外侮，维护稳定的

奕譞与李鸿章在天津海光寺行辕合影

《酌拟规复水操旧制参用西法以期实济折》稿底　（中国第一历史档案馆藏）

统治，必须学习西方列强先进的军事技术，建立强大的海军力量。

但在当时朝野人士普遍还把"孔孟经典"与"祖宗成法"奉为治国圭臬，以向洋人学习为"离经叛道"和"数典忘祖"的历史氛围中，引进西方科学文化和改革中国固有制度的难度之大可想而知。经过长期的筹划和努力，直到光绪十一年（1885年）十月，清政府才正式成立管理海军事务的专门机构——海军衙门，以光绪皇帝的生父、醇亲王奕譞为总理大臣，庆亲王奕劻、直隶总督李鸿章为会办大臣，善庆等为帮办大臣，主持海军事务，但实际运作权力则掌握在李鸿章等汉族地方实力派官僚手中。建设中的海军必然急需大量的人才，此前的 1866 年和 1881 年，福州船政学堂和天津水师学堂先后成立。日后，两所学堂的毕业生中产生了一大批中国海军的骨干将领。

光绪十二年（1886年）五月中旬，总理海军事务大臣奕譞出京赴天津检阅北洋水师，这是清廷高层统治者第一次检阅新式海军。新式海军的威力给奕譞留下了深刻的印象，也引发了他对海军未来发展与清廷长治久安关系的思考。回京后的奕譞经过深思熟虑，于九月十四日给慈禧太后上了一件题为《酌拟规复水操旧制参用西法以期实济》的奏折：

> 臣奕譞、善庆此次查阅北洋，于武备、驾驶、管轮各学堂悉心研考，见其地理、戎事、测量、算化等学，有条不紊，实足为济时要务。因思八旗之众，聪颖骁健者实不乏人，只为见闻所囿，虽具美质无可表见，亟当乘时教练，预储异日将材，庶不负皇太后体念时艰之至意。查神机营自创设枪炮厂、机器局以来，风气渐开，才识渐扩，然只可榷一技艺之能，于制胜御侮之道相去尚远。似宜择地建学，力求进益……查健锐营、外火器营本有昆明湖水操之例，后经裁撤。相应请旨仍复旧制，改隶神机营、海军衙门会同经理，并由北洋大臣酌保通晓洋务文武数员来京俾资教练……

奕譞在奏折中首先对巡阅北洋时重点考察的天津水师学堂给予高度评价，肯定了新型军事学堂的建学模式、课程设置、管理成效及其重大现实意义。但因当时南北各地所有水陆军事学堂的学生全部都是汉族人，这不能不触及这位满族权贵内心深处的政治敏感，于是，奕譞将期望的目光投注在清王朝的根本依峙——八旗子弟身上。很明显，这里包含着培养八旗海军人才以争夺未来海军控制权的深刻用心。同时，为了避免守旧派官僚对计划的反对和阻挠，奕謹查水操內學堂遵於十二月十五日午刻開學章京恩佑會同總辦潘駿德署總辦惠年提調奎昌王福祥暨委員等將健銳營外火器營送到學生六十名點齊在

聖人位前行禮畢當令學生拜謁教習後均入學課讀查閱學生住房學房等處亦甚整肅並嚴屬一體恪守規條定章用心肄業不准少涉懈弛用副培植人才之意惟學堂開辦伊始頭緒紛繁尚有應行變通及未盡各事宜章京等隨時留心察看即當呈堂酌定施行再排雲殿等座於十五日未刻供樣章京已遵吉時辦理並查看石作工匠均屬安靜理合一併稟

聞

《规复水操旧制及水操内学堂试行演练咨谕》稿底 （中国第一历史档案馆藏）

䜣策略性地打出了"规复昆明湖水操旧制"的旗号。所谓"昆明湖水操旧制"始于乾隆十六年（1751年），高宗皇帝弘历在昆明湖上以健锐营前锋习演驾船水战，参加水战的有天津、福建各水师营选送的教习、水手百余名，战船十多艘，带有一定的军事操演和政治象征意义，早已随着清朝的由盛转衰而取消。"昆明湖水操旧制"与以引进"西学"、巩固海防为主要目的的新式学堂性质根本不同，完全是借题发挥。正如一年后奕䜣在给李鸿章的私人信件中所坦陈："昆明（湖）习战，不过借一旧制，大题实则开都中风气。"利

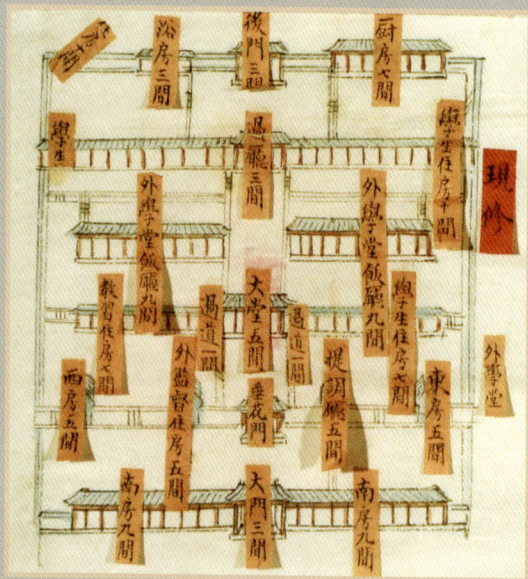

昆明湖外学堂（前学堂）地盘图 （中国第一历史档案馆藏）

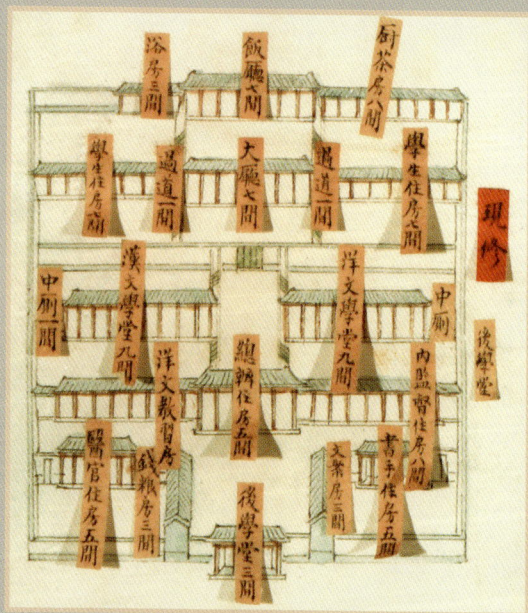

昆明湖后学堂地盘图 （中国第一历史档案馆藏）

用当时人对"祖制"的迷信兜售自己的政治创新举措，这是奕譞奏折的高明之处，反映了其人丰富的政治经验。

奕譞上奏的当天，慈禧太后便发布懿旨："准海军衙门奏请规复水师旧制，参用西法，复京师昆明湖水操内外学堂。"迅速地采纳了这一建议，"昆明湖水操内外学堂"的名称第一次正式出现在清朝的官方文书中。

经过数月施工，内外学堂先后建成。光绪十二年十二月十五日（1887 年 1 月 8 日），内学堂首先开学。奕譞在给朝廷的报告中详细陈述当天的情况：

> 谨查水操内学堂，遵于十二月十五日午刻开学，章京恩佑，会同总办潘骏德，署总办惠年，提调奎昌、王福祥暨委员等，将健锐营、外火器营送到学生六十名点齐，在圣人位前行礼毕，当令学生拜谒教习后，均各入学课读。查阅学生住房、学房等处亦甚整肃，并严属一体恪守规条定章，用心肄业，不准少涉懈弛，用副培植人才之意。……

这标志着中国历史上第三所且是唯一一所专门培养八旗子弟的近代海军学校在北京诞生了。尽管后人有理由指责这所学堂有着种种的不足和缺陷，甚至阴谋和不光彩，但在当时的历史环境下，创设学堂无疑是顺应时代发展方向的进步之举。它表明，为了维护自己的长远利益，满族权贵和八旗子弟也不得不接受西方军事科技的熏陶，这正是时代潮流的力量。

二、学堂背后的权谋与私欲

水操学堂在昆明湖畔设立，还有一个重要历史背景，即当时微妙的最高权力格局。1886 年，光绪 16 岁，已经长大成人，按祖制到了"亲政"的年龄，52 岁的慈禧已经没有理由再行"垂帘听政"。1887 年 2 月，清政府为光绪举办了"亲政"大典，慈禧虽然仍掌握着实际权力，但在名义上已经退居"二线"。在这最高政治权力转换过渡的节骨眼上，相关各方都在为自己的利益而算计：

慈禧是权力格局的一方，她有着同极强的权欲一样旺盛的享乐欲，"归政"后退老御苑是其一贯的想法，也是其必然选择。1874 年即其亲生儿子同治皇帝"亲政"的第二年，同治便在慈禧的授意下下旨重修圆明园作为太后归政后的游豫之地，因为包括奕譞在内的朝中群臣强烈反对和同治不久病死，两宫皇太后重新垂帘，修园之事不再紧迫而作罢；1885 年，慈禧已经开始考虑光绪亲政后自己的退处，因担心重修圆明园花费浩大，国家财力难以支持，以及同治末年朝臣激烈反对的先例，于是转而下懿旨重修紫禁城旁侧的三海（三海工程共挪借海军衙门经费 437 万两，同颐和园工程一样，都持续到 1895 年的甲午战败）。但慈禧的造园欲求仍未有餍足迹象。

光绪及其生父奕譞等为权力格局的另一方，他们对慈禧的权欲和专断都极为忌惮，深知其是光绪独立执政的羁绊，因此，通过给归政后的慈禧一个较为妥帖满意的善后安置，为光绪顺利接掌最高统治权力扫清道路，是光绪一派的内心祈愿。清漪园秀美的湖光山色和距禁城大内更远的途程，或许更有助于慈禧太后息心政治、安

《奕劻奏每年由海军经费拨颐和园工程用款三十万两片》 （中国第一历史档案馆藏）

享清静。因此，主持海军事务的奕譞同意动用本来就不敷使用的海军经费重修清漪园，也就不难理解了。当然后来的事实证明，通过这种手段让慈禧太后疏远政治不过是一种幻想。

出于不同目的的双方在重修清漪园一点上发生了契合，慈禧批准奕譞建议的高效率可以说明双方达成的默契程度。1886 年 11 月 19 日，光绪皇帝的老师、时任户部尚书的翁同龢在日记中写道：

> 庆邸（按：指庆亲王奕劻）晤朴庵（醇亲王奕譞），深谈时局。嘱其转告吾辈当谅其苦衷。盖以昆明（湖）易勃（渤）海，万寿山换滦阳也。

这段暗语似记载的含意是：以昆明湖代替北洋海军所在的渤海

海军衙门章京恩佑

基地，即在昆明湖畔建设水师学堂；以万寿山代替皇帝巡幸的承德避暑山庄，即在万寿山重建园林。这是一个当时绝大多数朝中官员尚不知晓的秘密：设立昆明湖水操内外学堂与重修清漪园实际是紧密相关的同一件事。

奕譞等人做出这一决策时内心或有难言的苦衷，但事实上此项决策正在实际贯彻中。不久，奕譞给朝廷报告 1887 年 1 月 8 日内学堂开学情形的同一件奏折中，在行文最后特别提到：

再，排云殿等座于十五日未刻供梁，章京（按：恩佑）已遵吉时办理，并查看石作工匠均属安静，理合一并禀闻。

恩佑，职衔为镶黄旗满洲副都统，时任海军衙门章京文案总办，在参加完内学堂开学典礼，检查了学生的教室、宿舍后，他紧接着又主持了万寿山中心建筑排云殿的供梁仪式，并察看了修园工匠的稳定情况。清漪园重建与海军衙门的关系至此可谓昭然若揭：水操学堂不过是重修清漪园的序幕和幌子。

但奕譞等人将这个幌子圆得冠冕堂皇，他在奏折中道：

> 因见沿湖一带殿宇亭台半就颓圮，若不稍加修葺，诚恐恭备御操时难昭敬谨……拟将万寿山暨广润灵雨祠旧有殿宇台榭并沿湖各桥座、牌楼酌加保护修补，以供临幸。

奏折表达了这样的意思：为了保证皇太后、皇上检阅学堂操练时有个体面一些的环境，已经被毁坏的昆明湖沿岸建筑有必要加以修缮。因此，有了昆明湖水操学堂的设立，重修清漪园也就有了充足的修缮理由，而且和海军建设挂上了钩，银子也不妨从海军经费项下挪用了。这时，昆明湖水操学堂对清漪园重建的作用，外人也已经能看出玄机了，李鸿章属下的袁保龄在天津给京城朋友的私信中就对此事评论道："昆明（湖）习战，赋绝好题目，借款得所藉手，挥洒较易。"即称昆明湖练水操有如是文章高手立了个绝好题目，文章的真正内容则在借款修园。

在传统的皇权专制时代，常常存在这样的悖论：即使是一项进步和有益的举措，往往也掺杂着方方面面的腐败、权谋和私欲，甚至必须在各种腐败、权谋和私欲的驱动下，才能得以实施！

三、被扭曲的使命

昆明湖水操学堂完全是对天津水师学堂的建学模式与课程设置的模仿，学堂分内外，学制为五年，外学堂建在玉带桥偏西北处原耕织图织染局的废墟上，有校舍116间；内学堂建在豳风桥偏西北处原耕织图水村居的废墟上，有校舍103间；内学堂主要学习西法测算、天文、驾驶等课程，外学堂则主要进行行船、布阵及施放枪炮等方面的训练；学生从八旗中的精锐部队——健锐营、外火器营官兵子弟中那些有一定文化基础、年力精壮者中挑选；学堂是海军衙门的直属机构，设总办、帮总办、管带、提调等官员进行管理，教习（按：教师）则由北洋大臣李鸿章拣选精通西学的人才和金州水师营的军官担任。从教学内容的设置和主持官员的级别看，内学堂的地位要高于外学堂，内学堂学生是学堂的重点培养对象。

曾先后在水操学堂任职的官员有：

内学堂总办：潘骏德、王福祥、宜霖

内学堂署（帮）总办：惠年、德峰

内学堂提调官：奎昌、联魁、瑞沅、载林

外学堂管带官：桂祥、祥普

外学堂提调官：常瑛

由于全部学生及绝大多数官员都是满人，所以当时国内其他同类学堂都把昆明湖水操学堂称为"贵胄学堂"。其实，这所学堂的学生出身并不特别高贵，但学堂官员中倒有不少是来谋肥差的皇亲国戚，如载林是宗室（皇族），德峰是和硕额驸（亲王之婿）。因此，"贵胄学堂"之称号不为无因。

水操学堂的特殊之处还表现在训练方面，昆明湖中毕竟行不得真正的海军舰艇，因此，1887 年，海军衙门从天津机器局专门定造了适合浅水用的平底钢板小轮船一艘，名为"捧日"；钢板坐船一只，名为"翔凤"；以及两只洋舢板，八只炮划；津海关道周馥又出资捐献了一只小轮船，名为"翔云"。以上十几艘大小船只共用工料银两万多两。但即使这样，水浅行船难的问题仍然没能根本解决。1888 年 8 月，水操内学堂向海军衙门报告称：

> 现在昆明湖演练驾驶轮船，所有绣漪桥及玉带桥一带船道存水过浅，不能浮送船只，呈请闸板蓄水以资演练。

于是，海军衙门不得不再向朝廷打报告，并咨文负责昆明湖涵闸水位管理的奉宸苑，所提理由却耐人寻味：

> 查该学堂演驶轮船，原为恭备拖带安澜御坐船，系属要差，自非寻常操船可比，若不蓄水深足，难资演练，特恐临时致滋贻误，相应咨行奉宸苑，饬将青龙桥、广源闸各闸板墩齐以养湖水而资演练可也。

这份咨文告诉人们，水操学堂演练轮船的目的，原本竟是为了

清末颐和园全景 （颐和园藏）

拖带慈禧太后游昆明湖时乘坐的"安澜"号御船！当然，不排除这里有海军衙门为了顺利达成目标而使用策略性语言的成分，但它也清楚地表明，无论是当时的局内还是局外人，都将为最高统治者个人游玩服务视作了水操学堂最重要也最荣耀的使命！

其实，为慈禧太后游昆明湖拖带御船不过是内学堂的职责，外学堂也有类似的"要差"，即"恭备颐和园电灯与西苑安设电灯"。这些都是第一届学生五年期满后，海军衙门为学堂出力官员向朝廷请求嘉奖的重要理由。

可见，落后的皇权专制制度已经严重扭曲了这所学堂的近代军事教育性质，为其打上了为最高统治者个人享乐服务的色彩。在腐朽制度的土壤里，即使种下的是龙种，收获的却往往是跳蚤。

四、学堂"业绩"及夭折

尽管设立初衷和实际运作过程掺杂着种种动机和目的不纯，这势必严重影响了学堂的教学质量，但作为一项制度创新，学堂还是有所"成就"：经过五年的教育培养，从中走出了未来第一批中国满族海军军官。

　　水操内学堂第一批学生入学人数为 60 名，可能是不少八旗子弟受不了功课之苦，不久便想方设法调离了学堂。至 1888 年 9 月，朝廷为了学堂操练时的整齐一律，特下谕旨要海军衙门为内学堂学生置办统一的号衣、战裙时，档案清楚地记载着只做了 41 套，说明办学一年半后，内学堂学生已经跑掉了几乎三分之一；剩下的学生基本还算稳定，1893 年 2 月，五年学期已满，被记录在册的肄业生共有 36 人，他们是：

荣志　凤瑞　喜昌　荣续　博顺　胜林　胜安　秀恩　景林

贝都里　全春　文衡　文通　吉连　荣厚　德印　胜俊

庆春　伊兴阿　郭什春　荣云　文俊　万庄　期颐　广顺

荣福　乌勒兴阿　广志　荣安　吉陞　全成　文连　增龄

恩陞　英荣　增林

　　其实，这些八旗子弟虽然名义上学的是海军驾驶，但恐怕还大都没见识过真正的海洋，只能算是半成品，他们还要经过考试择优进入天津水师学堂进行再学习。结果，有 24 名学生成绩超过 180 分，喜昌、荣续获第一、二名，其英文、测算、推步等学的分数并不逊于天津水师学堂的历届毕业生，得以留津继续深造；成绩稍差的十余人退回原旗。留津学生中，后来又有 12 人被神机营调用，剩下的 12 人经过一段时期的集训后，被派上北洋舰队的"康济"号练习舰实习。其后，又有 3 人在实习结束前被神机营调走。所以，最终实际完成海军全部教学内容的毕业生仅为 9 人。这就是昆明湖水操学堂的办学"成果"。

也可以说还有另外的"成果"，那就是一批参与办学的官员获得了加官晋爵的机会。1893 年 2 月 4 日，虽然只培养出了 24 名合格毕业生，时任海军衙门总理事务大臣的庆亲王奕劻（醇亲王奕譞已于 1891 年去世）仍以"逾五年之久，罔敢懈弛。臣等随时考察，司事暨教习各员，均能协力同心，恪恭将事，不无微劳足录。"为由，为水操内、外学堂的历任总办、管带、提调等官员、教习以及包括海军衙门官员在内的其他管事人员向朝廷保举请奖，请奖人数多达 46 人。

第一届学生毕业后，水操学堂又招收了第二届 40 名学生。然而不及两年，他们的学业便随着北洋海军在甲午中日战争中的覆灭而提前结束了。一起结束的还有水操学堂本身。1895 年 3 月 12 日，海军衙门以北洋舰队及海军基地全部失陷，无要事可办，上奏朝廷请求自行停撤。同时，奏折末尾附道：

　　　　海军内外学堂，亦请暂行裁撤。

"海军内外学堂"为"昆明湖水操内外学堂"的另一正式名称，因直属海军衙门而得名。奏请很快得到朝廷的允准，名为"暂行裁撤"，实际已寿终正寝。这样，昆明湖水操学堂的校龄便永远止在了九个春秋！

五、高潮与尾声——学堂人才的后来际遇

尤其为以往的研究所忽略的是，已经退出历史舞台的昆明湖水操学堂事业的高潮却是在学堂被裁撤的十余年后。在清末重振海军的浪潮中，昆明湖水操学堂的毕业生在满族统治者的刻意栽培下，成为海军中令人瞩目的一支骨干力量。

甲午战败后，清朝的海军建设长期在低谷中徘徊，但务实派官僚重振海军的呼声一直没有停止。1909 年 7 月，这时已是溥仪在位，载沣（为奕譞之子、溥仪之父）摄政，清廷决定复兴海军，任命贝勒载洵（载沣之弟）、海军提督萨镇冰为筹办海军大臣，将原南、北洋舰艇统编为以海防为主的巡洋舰队和江防为主的长江舰队；巡洋舰队有舰艇 15 艘，以"海圻""海容""海筹""海琛"为主力舰；长江舰队则有舰艇 17 艘，以"镜清"等为主力舰。1910 年 12 月，筹办海军处改为海军部，载洵为海军大臣，萨镇冰为巡洋、长江舰队统制。

摄政王载沣等极力在各方面加强满人对国家的控制权，明显体现在海军建设中的，就是当年昆明湖水操学堂的毕业生被竭力委以重任。据笔者查寻，1911 年前后在海军中担任要职的学堂毕业生至少有以下几人：

喜昌："海容"舰管带（舰长）

吉陞："海容"舰帮带（副舰长）

"海容"舰老照片

荣续:"海琛"舰管带（舰长）

胜林:"镜清"舰帮带（副舰长）

博顺:烟台海军警卫队统带（队长）

荣志:海军部参赞厅二等参谋

其中，喜昌、荣续与载洵、萨镇冰等同在1910年12月中国海军历史上首次授衔的42位将校行列中，已经是清末海军屈指可数的重要将领，他们分别担任舰长的"海容""海琛"是当时中国最大、最有威力的军舰（皆为甲午战后清朝向德国定购的大型穹甲巡洋舰，排水量2900余吨，火炮15门，射程远、火力强），控制着当时海军中仅有的4艘"海"字头主力舰中的两席；博顺则是1910年创立的中国历史上第一支海军陆战队——烟台海军警卫队的首任指挥官。昆明湖水操学堂出身的几位毕业生纷纷占据了海军要津，标志着在被裁撤近二十年后，学堂的事业达到了辉煌的巅峰。这一情形的出现，固然不能排除这些八旗子弟个人努力的因素，但其满人身份无疑起了更为重要的作用。当年奕譞等人的深谋远虑似乎正在变成现实！

然而好景不长，此时的清廷已经到了弥留之际，大树将倾，独木难支，覆巢之下，岂有完卵，凭借满人身份占得高枝的水操学堂毕业生也不可避免要"落花随流水"了。

1911 年 10 月 10 日，武昌起义爆发，清廷震恐，急派萨镇冰率"海容""海筹""海琛"（此时"海圻"已去英国参加乔治五世加冕典礼）三艘主力舰驶驻汉口，参与平"叛"。但由于革命在全国范围的迅速发展，海军官兵逐渐倾向革命，11 月 13 日，三舰从汉口撤至已经响应起义的九江，悬挂起白旗，表示归附革命。鉴于两军对垒之际，满汉矛盾变得尖锐和敏感，满籍人员被要求遣送离舰。

据当时亲历三舰"反正事件"的海军官兵回忆，对离舰要求，"海琛"管带荣续"慨然从命"，即很痛快答应了；"海容"舰管带喜昌则向众人表白自己"本来也是汉人，老姓姓何。"面对如此兴亡巨变，清廷刻意栽培的这些满族嫡系无力回天，大都只能以"识时务为俊杰"了。

只有"海容"舰帮带吉陞选择了以传统的"死节"方式为清朝尽忠，并因此被载入同情清朝立场的《清史稿·忠义传》：当喜昌相邀一同离去时，吉陞潸然涕下曰："国家经营海军四十年，结果乃如是耶！"14 日晚，极度悲愤绝望的吉陞从舰上右舷梯盘投长江而死。

关于吉陞死因也有另一种记载。严寿华（辛亥革命时任"海容"

舰煤饷副，后来曾担任"海容"舰长，新中国成立后曾担任福建省福州市政协委员）在他多年后的回忆文章中说：

> 九江当局对满族管带起了不信任的念头，恐怕他们生有异心，遂发动喜昌等先行离舰回家，一面发给一笔遣散费作为他们生活之用。喜昌、荣续、吉陞三人得到消息，不敢有违，准备离舰搭商船赴沪。"海容"领到喜昌、吉陞二人的遣散费，喜昌说，要按薪俸多寡的比例来分配，因此吉陞所得无几，他在舰上负债累累，债主要他还债，债务未清不准其自由离舰。吉陞处于这样的环境中，计无所出，惟痛恨喜昌是同属满族又是昆明湖的同学，到了临危之时见利而忘义了。于是在深夜间，由右舷梯盘跳下，投江自杀。

不管哪种说法更接近历史真实，吉陞之死都是一个典型标志，它象征着满族朝廷意图依凭昆明湖水操学堂毕业生控制海军的愿望，以及水操学堂毕业生辉煌的仕途前景，俱已随着吉陞的悲情一投而化为泡影！与此同时，"镜清"舰帮带胜林、烟台海军警卫队统带博顺也因为是满人的缘故相继去职。昆明湖水操学堂的办学追求至此已宣告彻底破灭！

辛亥革命打断了昆明湖水操学堂毕业生原本十分显赫的海军仕途。民国建立后，满汉矛盾很快趋于缓和，原水操学堂毕业生凭借在海军中长期积累的资历、人脉及专业技能，很快又回到海军中服务。清亡后的中国政治舞台风云变幻，袁世凯、段祺瑞、张作霖、蒋介石等派势力你方唱罢我登场，交替控制着中国的海军力量，已经失去了根本靠山的水操学堂毕业生虽然仕途不可能再如前清时那般辉煌耀眼，但仍能凭自己的资历、勤勉和才干在海军中谋生乃至获得嘉奖。他们中的耐久者如荣志，甚至直到抗日战争中的 1938 年，仍在为中国海军效力。

下面是目前笔者查到的入民国后在海军中任职、授衔和获嘉奖的原昆明湖水操学堂毕业生的履历资料：

荣志：1912 年 2 月 13 日，任北京海军部高等参谋；1912 年 9 月 8 日至 1915 年 10 月 4 日，任海军部军械司设备科科长；1913 年 1 月 17 日，被授予海军中校军衔；1915 年 10 月 24 日，任北京政府海军部总务厅副官处副官；1916 年、1919 年被两次授予海军五等嘉禾奖章；1917 年被授予海军上校军衔；1920 年 1 月 8 日，被授予三等文虎奖章；1938 年以上校军衔任海军总司令部候补员。

博顺：1913 年 7 月 16 日，被授予海军中校军衔；1914 年 9 月—1918 年 8 月 30 日，任海军部军法司法学科办事员；1916 年 10 月 10 日，被授予五等文虎奖章；1918 年 1 月 7 日，被授予四等文虎奖章；1918 年 8 月 30 日至 1923 年 3 月 28 日，任海军部军法司审检科科长；1919 年 12 月 7 日，被授予海军上校军衔；1923 年 3 月 28 日，任海军部军法司典狱科科长；1927 年 8 月 27 日，任北京政府军事部海军署科长。

荣续：1913 年 7 月 16 日，被授予海军中校军衔；1916 年前，任海军部军械司科员；1916 年 10 月 12 日，被授予海军二等奖章（银色）。

喜昌：1913 年 7 月 16 日，被授予海军中校军衔；1918 年前，

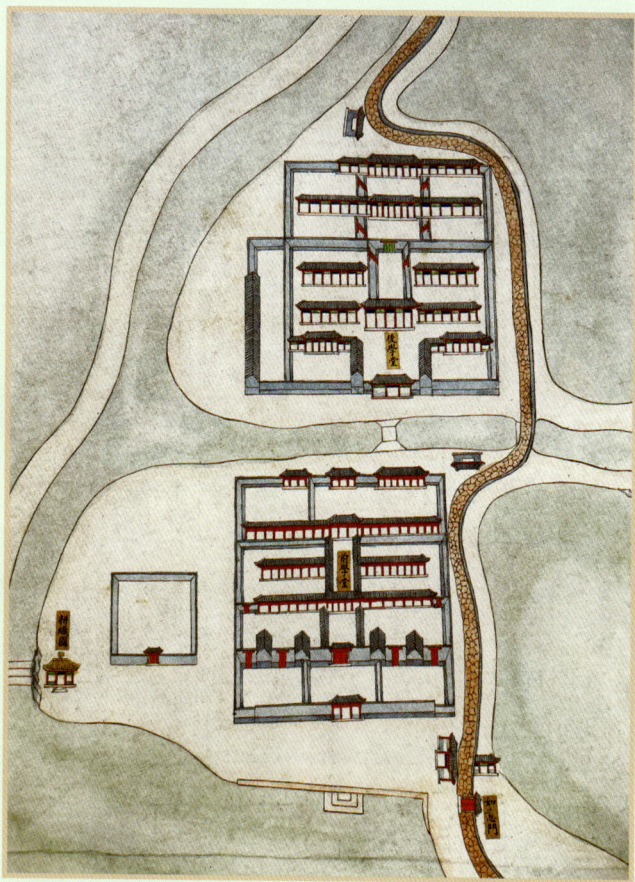

水操前后学堂图

任海军部军械司科员。

胜林：1914 年 11 月，任海军第二舰队（原长江舰队）"湖鹗"
鱼雷艇副舰长；1916 年 1 月至 1922 年 6 月 29 日，任"湖鹗"鱼雷
艇代理舰长。

凤瑞：1913 年 1 月 31 日，被授予海军少校军衔。

这些人继续服务民国海军或许主要是为了解决当时生计，清朝灭亡前后命运的转折与落差或许是他们心中长久挥之不去的阴影！但除了海军，哪里还有更能体现他们人生价值的舞台？或许可以这样说：自 1887 年 1 月 8 日正式踏进昆明湖水操学堂大门那天起，他们的一生就注定要永远与中国海军联系在一起了！

昆明湖水操学堂是近代中国特殊历史条件下的产物，其建置的兴废及其毕业生仕途命运的浮沉皆与当时的历史大势相关联。作为中国最早创办的近代海军军事教育机构之一，它反映了部分较有远见的王公大臣引进西方军事科技经武强军以维护清廷统治的主观愿望；同时，它又与颐和园的重建有着直接的关系，是清廷动用海军经费修建颐和园的重要手段。一方面，昆明湖水操学堂被历史赋予了中国海军事业先驱者之一的使命，在中国早期海军史上留下了不容忽视的印记和影响；另一方面，腐朽的封建专制统治又严重扭曲了这所学堂的军事教育宗旨，为其打上了为宫廷享乐服务的浓重色彩。这两种取向的内在矛盾，不能不严重削弱学堂的办学成效。最终，学堂的少数几位满族高材生尽管身居海军要津，却终不能如清廷初衷所愿地有效充当起维护其统治的"中流砥柱"。昆明湖水操学堂其兴也勃，其亡也忽，其短促的兴亡史所蕴含的深刻启迪，永远值得后人思索和记取！

今天，昆明湖畔的水操学堂建筑依然矗立，似在无声地诉说那段耐人寻味的历史！

2006 年

治镜阁老照片

探秘颐和园中的"曼陀罗"建筑
——治镜阁

在清代皇家园林颐和园西北部水域的中心，矗立着一座面积约 4000 平方米的圆形岛屿。该岛孤悬湖心，碧水环绕，无舟楫可通，故而人们可望难即。夏秋之际，岛上林木蓊郁，野鸟翔集，颇有些原始荒蛮的气象。隆冬季节，有人乘机履冰登岛，只见枝条匝密，落叶松厚，脚下残砖断石散落，渐行至中心处，蓦然举首，只见面前森然壁立着两重高大厚重的夯土墙残迹，显示出这里定然曾有过一座瑰伟的人工建筑，直令人联想起探险小说中深林里神秘的古城堡废墟……这就是治镜阁遗址。

上 篇

一、治镜阁建筑形象的史料研究：
   以史料建构形象

由于仅存残迹，欲呈现治镜阁建筑的本来面貌，须稽考相关文字、图像史料。目前可搜集到的对复原治镜阁建筑历史形象有参考价值的史料主要有以下几种，通过不同的史料可以分别了解治镜阁

民国时期的治镜阁建筑遗址

建筑的不同方面，其详及分析如下。

1.《日下旧闻考》

乾隆三十九年（1774 年）开始编撰，五十至五十二年成书的《日下旧闻考》，是关于清代北京历史、地理、宫殿、苑囿情况记载最为翔实的一部资料选辑。该书为乾隆皇帝钦命大学士于敏中等人领衔编撰，故称"钦定"，权威性很高。该书第八十四卷专列清漪园一卷，其中有关于治镜阁建筑虽然简约但最为直接和完整的文字记载：

> 畅观堂西北湖中圆城，为门四，其上为治镜阁。〔臣等谨按〕圆城四门，南额龋风图画，北曰蓬岛烟霞，东曰秀引湖光，西曰清含泉韵。其中复为重城，四门额曰南华秋水，曰北苑春山，曰晖朗东瀛，曰爽凝西岭。阁制凡三层，下曰仰观俯察，中曰得沧州趣，上悬治镜阁额。

通过这段记载，可知岛上建筑是由两个部分组成，即"圆城"和"治镜阁"，圆城有东、西、南、北四个门，圆城之中又有一重城，也有四门，都分别有四字题额；城之上的三层楼阁名治镜阁，一、二、三层分别悬挂"仰观俯察""得沧州趣"和"治镜阁"的匾额。可见当时的治镜阁并不是对整座岛上建筑的指称，而是专指城上的三层楼阁。而今天，治镜阁已经成为包括圆城（即下面两重城垣）在内的整个建筑的统称。

2.乾隆御制诗

乾隆一生作诗成癖，所到之处常有咏记。乾隆诗的最大价值在于其纪实性，直接描述所到之处的景观建筑面貌、来历等史实，其作用有时能够弥补正史记载的不足。尽管乾隆留有关于治镜阁的诗咏八篇，但关于治镜阁的建筑面貌却不能给我们提供更多的信息，有关的是"三层迥出奇""三层楼适可"等诗句，只能说明阁为三层。

3.《治镜阁陈设清册》

对清漪园内的大量建筑内陈设，自嘉庆五年（1800年）开始，按照静宜园、静明园等皇家园林的成例，内务府每年派司员查一次，每五年钦派总管内务府大臣清查一次，造册二份，详记建筑内各位置摆设的陈设物品及其完好情况，分别存清漪园本处和奉宸苑。陈设清册虽然是建筑内摆设物品的登记册，但通过详细描述摆设物品所在的位置，后人可以获得关于该建筑的名称、间数、层级、朝向、功能、各建筑间关系等许多重要信息，是研究该建筑历史面貌的珍贵资料。目前，中国第一历史档案馆找到的最完整的嘉庆十二年（1807年）清漪园陈设清册中恰好有一份《治镜阁陈设清册》。为节省篇幅，笔者以下只节录对了解治镜阁建筑的面貌、结构和功能具有重要参考价值的部分：

> 治镜阁下层明间面南安红彩漆地平一座……地平上面南安紫檀嵌大理石宝座一张……上设紫檀嵌三块玉如意一柄……左边设绿皮鞘剑一口（紫檀架），右边设紫檀长方高几一件……两边安鸾翎宫扇一对……前面安紫檀边腿黑漆心书案一张，上放宣窑清花宝月瓶一件……宝座后安紫檀镶大理石三屏照背一座……北墙上挂黑漆金花边香色漆心黑漆字横披匾一面

前面横楣上挂紫檀边南漆心金字仰观俯察匾一面……明间中间
安……两次间窗户台下安……东西间正面中间安青绿诸葛鼓二
件（楠木架座），对面窗户台下安……两次间门上挂古铜春绸
裕软帘二架，对面门上挂石青绸帘刷二件，北一间中安……楼
梯门上挂石青绸帘刷二件

　　中层安红油地平一座……面南安黑漆三屏罗汉床一张上
铺……两边安紫檀边腿菠萝漆心高香几一对……背后墙上
挂……二檐横楣上挂御笔锦边红绢心壁子匾一面，明间方窗下
安……两边门上挂……两次间门上挂……北一间中间安黑彩漆
椅式宝座一张……楼口南墙贴御笔字横披一张，楼梯门上挂石
青绸帘刷二件

　　上层面南安木贴金踏跺金龙龛一座，内供木贴金神台一座，
上供铜胎无量寿佛一尊（随铜莲花座），莲花座上供铜胎无量
寿佛一尊（随紫檀背光座），洋珐琅五宝五件……前面安红油
供桌一张，里层供木贴金八吉祥，外层供洋瓷五供一份，龛内
满铺黄花毯一块……外檐上下门上挂毡竹帘各拾架

　　四角方亭门上挂青布帘刷四件，南面西亭内设……东亭内
设……北面东亭内设……西亭内设……

　　随廊宫门上挂青布帘刷八件

这份档案能够反映其他档案资料所不能有的大量重要信息：

（1）印证和充实了《日下旧闻考》的记载，治镜阁建筑为三层，
其中一、二层为地平、宝座、掌扇等宫廷陈设，三层为佛像法器等

宗教陈设。

（2）主要陈设皆面南而设，因此该建筑以朝南为正向，故《日下旧闻考》中所记的"治镜阁"等各层匾额应悬挂在建筑南面。

（3）楼阁一层有明间、两次间及东西间，说明其治镜阁建筑至少是五个开间；按照描述顺序，楼梯口应设在阁内的最北间；二层比一层开间减少，楼梯口设在北间；三层则开间更为减少。这说明，三层楼阁的体量是呈往上收束减小的。

（4）城上还有四个方亭，分位于西南、东南、东北、西北四隅（笔者按：应指内城）。

（5）有官门四座，与游廊相接，故有青布帘刷八件（笔者按：应指外城）。

4. 内务府《修缮黄册》

《修缮黄册》是清朝内务府记载皇家建筑修缮工程项目的内容、用银、用料情况用以最后销算的簿册，是建筑修缮的历史记录，能够部分反映建筑的历史信息。根据中国第一历史档案馆藏乾隆四十三年（1778年）黄册载：

> 清漪园治镜阁二柱三楼牌楼四座内……拆修满换中柱八根，挑换垂柱两根……花板十三块，摺柱六十根，雀替五块，坠山花十四块……添安戗木十六根……头停苦灰泥背各一层，调大脊，瓦九样绿色箭边中心黄色琉璃脊瓦料……垛口十八座，各长二尺五寸，东门楼下檐砸坏飞檐椽六根……

及乾隆四十六年《清漪园治镜阁拆修牌楼四座销算银两总册》中载"治镜阁二柱三楼牌楼四座，内东一座被风刮倒……"

由此可知，治镜阁前有四座二柱三楼牌楼，分位于东、南、西、北四面；治镜阁屋顶的形式虽然不能准确确定，但从有"山花""大脊"的情况看，必有某种歇山式屋顶；琉璃瓦为黄色绿剪边。

5. 清代绘画

除了通过以上文字史料来构建岛上的形象外，还有几幅清代绘画作品可供更为具体的形貌。

（1）《都畿水利图》，现藏中国国家博物馆，绘者爱新觉罗·弘旿，康熙皇帝之孙，是乾隆至嘉庆时期著名的宗室书画家。该幅长卷描绘了乾隆年间北京地区的水系分布和水利设施，画面即从香山、玉泉山、昆明湖开始，其中治镜阁是昆明湖中重点描绘的景观。这是治镜阁建筑的第一次形象现身，描绘了两重城垣和楼阁的基本形貌，但该画卷的描绘重点是京城水利系统的源流，景观建筑描绘多为写意手法。画中外层圆城有一券洞门，上有一座三楹两卷棚顶歇山建筑，城上为一圈游廊；内城上可见两座重檐歇山式建筑；治镜阁则为圆形攒尖式三层楼阁；建筑屋顶似为黄、绿色琉璃瓦。

（2）《五园图》，1896年（光绪二十二年）佚名绘，现藏国家图书馆，纸本彩绘。该图细致描绘了清代五园三山（圆明园、畅春园、万寿山清漪园、玉泉山静明园、香山静宜园）主要建筑及外三营（火器营、精捷营、健锐营）营房的布局和面貌，建筑旁边皆有文字说明，应是作为舆图绘制和使用的，因此具有很强的纪实性。在该图中，治镜阁下两层圆城上都分别建有一圈游廊，各连四座歇山

清宫廷画家弘旿《都畿水利图》中的治镜阁 （中国国家博物馆藏）

《颐和园图》 （私人藏）

式建筑；中间楼阁为三层；建筑屋顶皆覆黄色琉璃瓦。

（3）《西郊名胜图》，晚清佚名绘。该图与上图视角、内容与性质相似，但关于治镜阁建筑的部分有所差异，要相对粗糙一些。图中两层城垣似被画为六角形，两层城上皆有游廊，黄色琉璃瓦覆顶。

（4）《颐和园图》，晚清佚名绘。画中两层城台上皆有游廊；治镜阁三层，阁顶为类似故宫角楼的十字脊歇山式。

（5）《颐和园全景图》，晚清佚名绘。该图中的圆城为三重，外两重上皆有廊，各连四座二层门楼；治镜阁三层，屋顶为四方攒尖式，覆黄色琉璃瓦。

另外，笔者还看到过故宫等博物院以及民间收藏者手中的几幅清代及民国初年的颐和园全景绘画，对岛上建筑的描绘基本大同小

《颐和园方位全图》（首都博物馆藏）

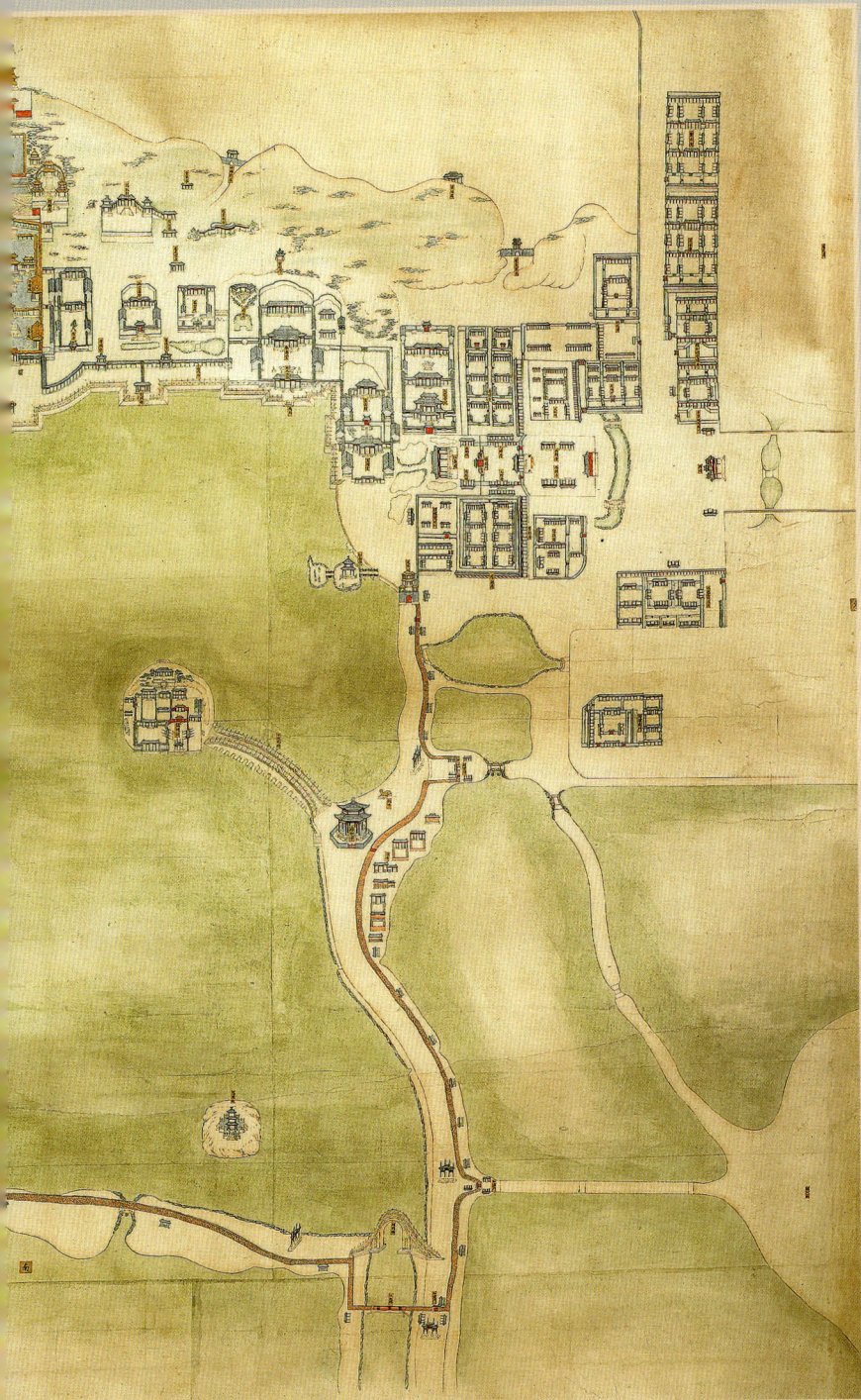

《五园图》 （国家图书馆藏）

《颐和园全景图》 （颐和园藏）

异。中国传统绘画具有写意化的特点，反映建筑形象不一定非常忠实；另一方面，这几幅绘画作品大都产生于晚清时期，即建筑已经遭到破坏的时代，不能不考虑到时人的笔墨回忆和再现会有想象性误差，因此在运用这些图像资料时必须审慎。但即使是晚清甚至民国初期的颐和园全景绘画作品，也毕竟去当时未远，必有实物、图像、文字或口碑资料的依据，其反映的建筑形象也基本相似，因此仍有一定的参考价值。

6. "样式雷"图纸及"烫样"

"样式雷"是著名的清代宫廷中世袭的建筑设计世家，曾为皇家设计了大量的宫殿、园林、陵寝、衙署等建筑，其遗留的丰富的皇家建筑勘察、设计图纸和烫样是了解这些皇家建筑的珍贵资料。

（1）《清漪园图》，是一份史料价值极高的样式雷图纸，从图上所绘内容分析，应是在颐和园的名称还未出现的 1887 年前后绘制。佐证其他档案记载，1887 年 1 月，建在清漪园耕织图旧址上的昆明湖水操学堂建成开学，同时建在大报恩延寿寺基址上的排云殿举行上梁开工仪式，而图中水操学堂建筑已经落成，而大报恩延寿寺部分基址未动，因此可断为 1887 年前后无疑。图中的治镜阁绘为地盘图样，可见是对此时该建筑的遗址勘测，清楚地反映了该建筑的平面形式：治镜阁一层平面为十字套方形，四面各显 5 间，并前出廊与抱厦；外城台下东、南、西、北四面各设一座码头，城上东、南、西、北四面各有一座三开间的宫门建筑，以一圈游廊相接；内重圆城上也建有一圈游廊，分别连接起东南、西南、东北、西北隅的四座三开间方形建筑，在游廊外的东、南、西、北面则建有四座

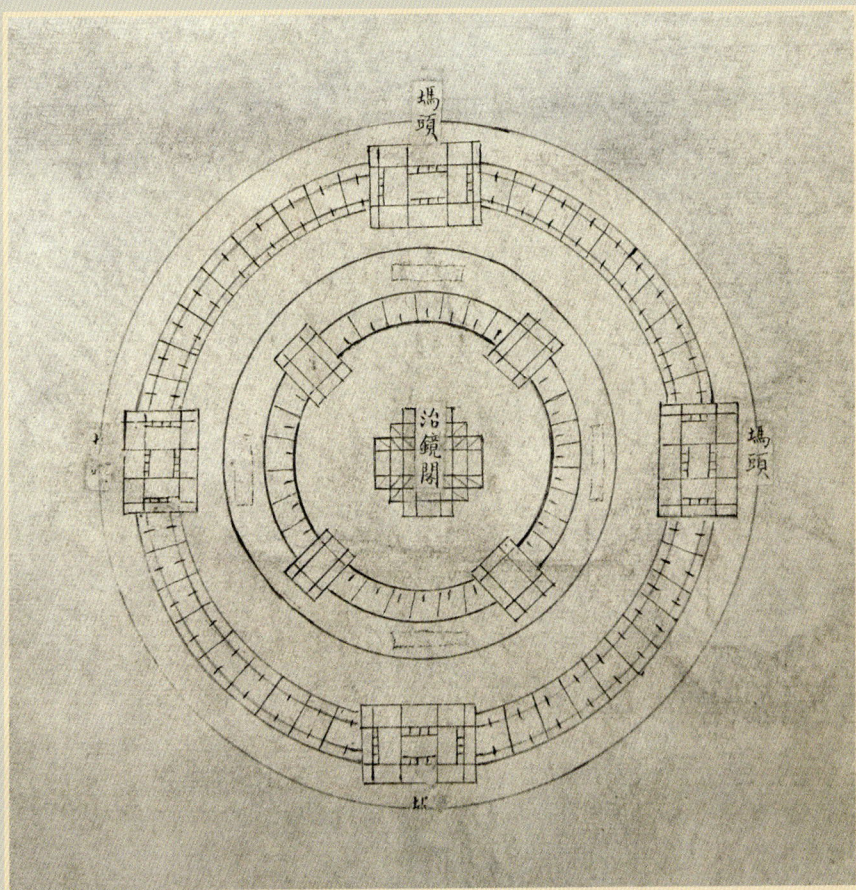

《清漪园图》局部 （颐和园藏）

牌楼。该图是颐和园刚开始兴建时做的清漪园治镜阁遗址的勘测图，是反映治镜阁建筑布局的珍贵历史资料，但该图也有粗疏之处，如关于两层圆城上游廊的间数，就有不对称、不细致的缺点。

（2）《拟恢复治镜阁图样》，现藏国家图书馆。该图是光绪时期准备复建治镜阁的重新设计图样，像对许多其他园内建筑的改建一样，这次设计将原来的三层楼阁改为两层，屋顶的形式较为复杂，为类似故宫角楼的十字脊歇山式；外城墙东、南、西、北四面有四门，相应城上位置有四座宫门，为单檐歇山屋顶，覆黄色琉璃瓦绿剪边，每两座宫门之间以 15 间游廊相连；内城墙上四门设于东南、西南、东北、西北面，与外城四门呈 45 度角相对；内城上的四座方亭为四角攒尖庑殿式屋顶，牌楼为四柱三楼式；值得注意的是，内城上没有游廊。

（3）《光绪时期治镜阁烫样》，现存故宫博物院，为光绪时期重新设计的治镜阁样式模型，制作细致。该烫样大量继承了原来的建筑设计，为后人了解治镜阁建筑提供了丰富的信息：治镜阁一层四面各面显五开间，四周出廊，平面呈十字套方形；二层与一层一样，但四面又各出抱厦；三层为四角攒尖方亭形制；上层城台上牌楼、方亭已遗失，但字签尚存，四座亭子的正下方为内城的四座城门；值得注意的是内城上没有游廊，但也不排除是连同字签一起遗失，因为外城上游廊的字签是贴在屋顶上的；外城上南、北、西、东四面各有三开间重檐歇山式城楼一座，各以 15 间游廊相连，游廊向内开 16 门；下层城台上均衡种树八棵；从字签内容上看，这时的两重圆形城垣已经被称为"团城"，说明至少在光绪时期，"团城"

《拟恢复治镜阁图样》 （国家图书馆藏）

治镜阁烫样 （故宫博物院藏）

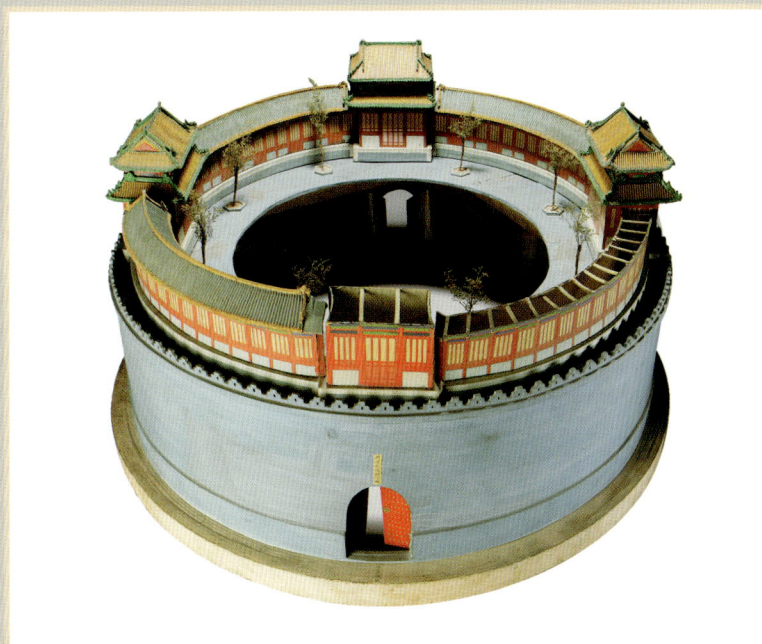

治镜阁烫样 （故宫博物院藏）

的名称就已出现；嘉庆陈设册中提及的"宫门"此时被设计和称为"城楼"。

二、史料价值分级及问题呈现

1. 史料的参考度分级

根据以上史料直接性的差异，对其了解历史上的治镜阁建筑的参考度可以分级：

（1）直接资料：《乾隆御制诗》、内务府《修缮黄册》、《治镜阁陈设清册》、样式雷《清漪园图》，史料最直接，价值最高。

（2）间接资料：《日下旧闻考》、样式雷《拟恢复治镜阁图样》、《光绪时期治镜阁烫样》以及其他本文未征引的光绪时期样式雷复原设计图纸、国家图书馆藏《五园图》，具有间接但较为重要的史料价值。

（3）参考资料：《都畿水利图》及其他多幅晚清、民国时期的颐和园全景图，具有一定的参考价值。

2. 建立在史料研究基础上的相关问题澄清及商榷

通过对以上各种史料的逐一分析和鉴别取舍，治镜阁建筑的基本面貌一方面在逐渐清晰起来的同时，一些之前研究存在和忽略的问题也显现出来，下面对部分重要建筑细节问题做些探讨和商榷，以求教方家：

（1）治镜阁的开间数量：《北京志·世界文化遗产志·颐和园志》及天津大学所做治镜阁复原方案都认为治镜阁一层开间数量为四面各显三间，但从上面对征引的《陈设册》、1887年前后样式雷图图纸，并参照光绪时期样式雷烫样看，应为四面各显五开间无疑。

治镜阁烫样 （故宫博物院藏）

（2）治镜阁的建筑形制：三层，平面为十字折角形，四周出廊或抱厦；在各种资料中，治镜阁顶有圆形攒尖、四方攒尖及歇山十字脊几种，光绪时期的样式雷拟复原图纸和烫样是歇山十字脊及四方攒尖式的代表，但两种图样都是复建设计，不足为确切的历史依据，只能作为参考；从内务府黄册中维修更换"山花""大脊"的记载可知，阁上必有歇山式顶，但也有指阁四面的抱厦部分而非阁顶的可能性。综合比较其在史料出现的频率及史料的参考度，笔者更倾向三层阁顶形制为歇山十字脊（笔者注：该文完成后不久，笔者在一位美籍华人收藏家手中又看到一幅清漪园图，从分析纸张年代和所画建筑的情况，可以断定是乾嘉时代的清漪园图，这也是笔者迄今所见到的第一幅清漪园全景图，该图中的治镜阁三层屋顶为歇山十字脊）。

（3）内城上有无游廊：关于内城上有游廊最有力的证据是样式雷1887年图纸，参考晚清多幅反映治镜阁形象的绘画看，内城上也皆有游廊。

（4）两城之间地带：2004年北京出版社出版的《北京志·世界文化遗产志·颐和园志》认为："内城墙四面与外城墙相对建有四门……内外双城之间贯通湖水，内外城门之间用四座石桥相连。"此说有误，首先内外城墙的城门呈45度角对应，并不直接相对；其次内外城门之间不在一个水平面上，而是有一个高差，因此内外城门之间建桥连接和贯通湖水都是无法实现的，样式雷《光绪时期治镜阁烫样》反映的内外城之间情形虽未必是清漪园治镜阁的原始面貌，但应距离原始面貌不远，内外城之间的地带可以确定是一个平面城台。

（5）内外城交通方式：内外城门内部结构是什么样子？当年如何通过内外圈城门上内外城？这是一个至关重要的问题。光绪时期样式雷重修治镜阁烫样在内外圈各城门上都贴有"门内道圈上城"的字签，但缺乏内部结构部分。研究成果中只有天津大学建筑学院张龙在其硕士学位论文《济运疏名泉，延寿创刹宇——乾隆时期清漪园山水格局分析及建筑布局初探》对登城方式这样论述：外城"进入门洞左右两侧有扒道券拾级而上至45度方位有琉璃随墙门，出门至两圈城墙之间的院当"，内城"进门后两侧八字蹬道回转45度上城台，至二柱三楼牌楼"。笔者认为这两说尚可商榷：首先，如外城内侧设随墙门，必将大大降低城台高度，两城之间将成为一个环形夹道，这不仅与样式雷拟复建图纸和烫样等历史图像资料相矛盾（外城内侧廊下的台明不允许有设置琉璃随墙门的高度），也为据测绘而得的治镜阁遗址外层城高仅5米的实际难以容许；其次，如果外城内侧设有随墙门，那如何登上外城的宫门与游廊又成为一个需要解决的问题；其三，内城上城方式如果至二柱三楼牌楼，将使爬道出口裸露，造成雨雪倒灌，比较其他古代坛城建筑的交通方式，爬道的出口一般是在建筑之内或者加盖风雨亭的。

三、关于治镜阁复原设计问题的探讨

近年来，随着对治镜阁建筑文化内涵和景观价值的重视，复建该建筑的呼声日高，这为开展该建筑遗址的考古勘测和深入研究提供了良好机遇。目前，颐和园委托天津大学建筑学院进行治镜阁建

治镜阁遗址

筑的复原设计，并获得了部分专家学者的认同。但由于尚欠缺深入的遗址考古，以及前期学术研究基础的薄弱，以笔者目前对该治镜阁建筑历史的初步认识，认为该复原设计方案还存在一些值得商榷和需要进一步细化研究的如治镜阁的开间数量、建筑形制、内层城上游廊的有无、内外城之间城台的高低以及登城途径等问题。很明显，天大方案的突出特点是对光绪时期拟复建治镜阁资料尤其是样式雷烫样的直接沿袭，这样不免将复杂的问题简单化了。笔者认为，制定治镜阁建筑的恢复方案关键应注意和遵循以下几个原则：

1. 复原设计的对象是历史上曾经真实存在过的清漪园时期的治镜阁，而不是光绪时期重新设计在纸面上的治镜阁。应对历史档案资料进行判断、区分和综合研究，大量的治镜阁建筑资料是光绪时期准备重修治镜阁时的设计图，它们不曾实施，也不能忠实反映曾经真实存在过的清漪园治镜阁建筑原貌，且有相当多的矛盾之处，

对复原设计工作最为重要的依据是清漪园时期的治镜阁建筑史料，光绪时期的复建设计中必然也有对清漪园治镜阁原状的继承，对这些资料必须经过认真分析取舍，去光绪朝改变之"伪"，存乾隆朝原作之"真"。

2. 各种资料中极为重要的实物资料是治镜阁的现存遗址。进行一项文物复原工程前，进行建筑遗址的全面考古勘察是必要的，从中可以获得最为真实、丰富的建筑历史信息。

3. 能否和如何处理建筑复建和遗址保护的关系，也需要遗址考古勘察提供不可或缺的可行性报告。

如果能通过对治镜阁复原话题的探讨而进一步推动对该遗址的专业考古勘察和深入研究工作，无论对深化对治镜阁历史的认识，或是推动现遗址的科学保护或者建筑的准确复建都必然产生积极的意义！

19 世纪 60 年代的治镜阁　（约翰·德贞拍摄，颐和园藏）

下 篇

一、曼陀罗（坛城）建筑——乾隆时代汉式建筑技术与密宗佛教理念融汇结合的产物

治镜阁是一座有着深厚的文化内涵和特定的历史背景的瑰丽建筑。如果将治镜阁平面图与古代佛教密宗唐卡中的曼陀罗图形相对照，其建造的依据即可一目了然：治镜阁是藏密曼陀罗的建筑形态，是藏密佛教宇宙观和理想世界的立体化、现实化和建筑化；治镜阁以汉式建筑的语汇形象地表达了藏传密宗佛教的理念，反映了乾隆时代西藏密宗佛教对统治者及皇家园林建筑规划设计的深刻影响，是乾隆时代汉式建筑技术与密宗佛教理念融会结合的产物。

1. 治镜阁是藏密曼陀罗（坛城）的建筑形态

密宗起源于印度，是印度佛教的最后一个阶段，密宗在西藏地区得到进一步发展，形成了独特完整的西藏密宗体系。曼陀罗（或曼荼罗），来自梵语 Maṇḍala，在古代印度意指国家的领土和祀神的祭坛。印度修密法时，为防止魔众侵入，而划圆形、方形之区域，或建立土坛，有时亦于其上画佛、菩萨像，事毕像废，称为曼陀罗，本意为"坛""坛场""坛城"或中围，并含有"圆轮众德""圆轮具足""发生诸佛"，聚集十方三世诸圣于一处之义。曼陀罗的本意是佛、菩萨所居的宫殿，其真正的含义是佛教宇宙观、世界观和佛家理想世界的具象模式。

每座曼陀罗都有自己的本尊，各种坛城形状相似，基本上是外圆内方，也有方形的；颜色各异，外呈圆形，其最外层为火焰，火

焰以外为生物界，包括人类和各种动植物，表示一切生物都不能进入金刚驻锡之城，一律拒之于火焰外界；火焰之内为金刚杵，镇压一切邪魔。内城为方形城，四面有门，门口有梯，城楼矗立，内有16 侍卫，每面 4 人，分别用红、白、黄、蓝四色象征北、南、西、东四方位；中为殿堂，内居金刚；殿堂顶层为圆形，内有小殿，内居金刚之传法师。各种不同内容的坛城，里面布置的佛像及装饰也不一样。

曼陀罗艺术以其深奥的哲理和独特的表现形式在藏传佛教绘画、寺院佛塔建筑、宗教法器、佛事祭祀活动中被广泛采用，并形成了固定的模式和种类，从整体上主要有绘画曼陀罗、立体建筑曼陀罗、立体法器曼陀罗，从材质上又有金、银、铜、铁、木、香泥、沙石、粉等多种材料。

与绘画曼陀罗、法器曼陀罗等曼陀罗形式相比，治镜阁是曼陀罗（坛城）的立体化、建筑化。如果做一个简单的对应联系，圆城外的一镜湖水象征着众生漂浮的茫茫大海，是包括人类和各种动植物的生物界或凡界之地；治镜阁内外城部分可以视为曼陀罗中隔绝凡界的圆形外圈部分。在曼陀罗构图中，这一部分一般分为3—4层，由外到里分别为：将一切有情众生拒于外界的护法火焰墙、金刚手菩萨法力护持和镇压一切邪魔八大寒林的金刚杵墙，以及以莲花瓣组成的寓意慈悲观世音菩萨的普度莲花墙；在内圈城墙与中心楼阁之外为膜拜区域，居住着佛的部属、眷属、门徒和陈列着各种给佛的供品；正中平面为十字套方形的治镜阁就是佛居住的连同四门的方形宫殿。治镜阁建筑把超越凡俗的佛的世界转变成凡人眼睛看得

曼陀罗唐卡绘画

鎏金曼陀罗（坛城）

见的形象，把密宗的义理和修法，通过独特的、象征性的建筑艺术手法和布局宣示传布出来。

2. 治镜阁是乾隆时代推崇密宗信仰的反映

藏传密教在有清一代的国家政治和宗教生活中始终占据着重要的地位，受到历代皇帝的高度重视，尤以乾隆朝为盛：

乾隆九年（1744年），乾隆将其先父雍正的雍王府改造成为一座藏传佛教寺庙，并请来尼泊尔工匠和西藏工匠参加京城和宫中的藏传佛教建设；

乾隆十年（1745年），乾隆帝接受了藏传密教上师章嘉国师的密教灌顶仪式。此后，每月初四都要举行坛城修供；每年的四月初二至十日都要在圆明园西北角的清净地举行唪颂上乐王佛经的活动，绘画坛城；

乾隆十三年（1748年），乾隆派画工入藏，测量和绘制布达拉宫、桑耶寺等建筑图样，为在北京等处仿建做准备；

乾隆十五年（1750年），在紫禁城西北部，建成一座明三暗四层的具有汉藏建筑风格，也是宫中级别最高的藏传佛教佛堂雨花阁，每一层中都供奉有大量的密宗佛像和供器，其中最突出的是一层中做了3座高达4米的带有紫檀木圆罩的珐琅制密集金刚、上乐金刚、大威德金刚三大坛城；

乾隆二十年（1755年），从西藏召来舞蹈教习在宫廷中表演西藏的宗教舞蹈；

乾隆一朝，紫禁城、各处皇家园囿及北京城郊兴建和布置了大量的藏传佛教的寺庙、佛堂。

乾隆大力尊崇藏传佛教，一方面是出于稳固边疆的政治需要，因为藏传佛教是西藏、蒙古地区的普遍信仰，对这两个清廷极力笼络怀柔的地区有着巨大的政治影响力；另一方面，清前期诸帝顺治、康熙、雍正，尤其是乾隆对藏传佛教浸淫研习很深，在其个人内在宗教信仰中占有重要地位，故推动了西藏密宗佛教在皇室和北京地区的空前昌盛。乾隆晚年曾自述道："朕自乾隆八年以后，即诵习蒙古及西番字典，于今五十余年，几余究心探讨，深识真诠。"可见对藏传佛教研习沉溺之深。治镜阁建筑正是这一特定历史时期的产物。

3.治镜阁体现了清代以汉式建筑形式表现密宗佛教理念的经典范例

乾隆一朝，由于对藏传佛教的尊崇，在紫禁城内、各皇家园林以及京郊内外兴建和布置了大量的藏传佛教寺庙和佛堂，这些寺庙佛堂在建筑形式上基本可分为四类：一是完全的汉式建筑，只是在内部陈设上体现西藏密宗的内容，如紫禁城中的梵华楼、养心殿西暖阁后的佛堂等；二是藏式风格为主，兼有汉式风格的寺庙，如承德避暑山庄的普宁寺、普乐寺、须弥福寿之庙、清漪园中的四大部洲、香山静宜园中的昭庙等；三是汉式风格为主，兼有藏式风格，如紫禁城内的雨花阁、以雍亲王府改成的雍和宫等；四是完全为汉式建筑风格，但充分体现了藏传佛教的文化内涵，如清漪园中的治镜阁。

这四种建筑形式反映了藏传佛教建筑文化与中原汉式建筑文化交流融合的程度和历程，尤其是以治镜阁为代表的第四种形式，与西藏地区的藏式曼陀罗建筑明显不同的是，它以城墙、门楼、游廊、亭子、牌楼和楼阁这些极为普通常见的汉式建筑语汇，丝毫不露痕迹地表达了曼陀罗这一极为复杂深邃的藏传密教的佛国世界图景，体现了传统汉式建筑巨大的表现能力，在设计理念和表现方式的完美结合上所达到的高度，堪称中国古代建筑史上罕见的经典作品。

二、治镜阁在清漪园总体规划布局中的意义

对治镜阁在清漪园总体规划中的地位和功能，以往的研究主要认为：一是在总体规划上与昆明湖中的另外两座大岛南湖岛和藻鉴堂岛共同体现了汉代以来"一池三山"的皇家园林规划模式；二是在景观价值上成为昆明湖与玉泉山之间的联结纽带，并丰富和拓展了昆明湖西部水域的景观内容；三是具有防卫功能，是护军兵丁的瞭望哨卡。下面将从一个新的宗教文化的视角探讨治镜阁在清漪园总体规划中的意义，并兼探讨和商榷治镜阁的历史功能。

1.五方五佛观念的内容和嬗变

五方佛观念是密宗佛教理论体系中一个标志性的核心内容，即以毗卢遮那佛（又名大日如来）为密教的最高神和中心之佛，统帅着东方为阿閦佛，南方为宝生佛，西方为阿弥陀佛（又名无量寿佛、无量光佛），北方为不空成就佛组成的佛国神系，各佛居不同方位的佛国中，各有自己的菩萨、明妃、护法等眷属，并各具不同的神格和功能，如阿閦佛属金刚部，具有威猛破坏的特点；宝生佛属宝部，具有财富神的特性；阿弥陀佛属莲华部，是佛教中的寿神。五方五佛也是藏传佛教理想的宇宙图景。

承德普乐寺方形曼陀罗建筑

　　在长期的传布过程中，特别是由于清宫的主观需求，五方佛理论也在发生嬗变，突出的一点便是主寿的阿弥陀佛的地位日益突出，根据清宫档案记载，至少从康熙时期开始，逢帝后万寿节必集中大量喇嘛唪《无量寿经》，为帝后祈求福寿绵长，祛病消疾。到了乾隆时期，这种风气达到极盛，《无量寿经》的唪颂已成定制：中正殿后殿每天念《无量寿经》，中正殿前殿、慈宁花园、正觉寺、恩佑寺、圆明园清净地等地均有诵此经的活动；遇有万寿节等吉庆日，此经的唪诵更是必不可少；乾隆帝一次造无量寿佛多达千尊的记载屡见不鲜，乾隆二十六年（1761 年），乾隆为母亲的七十大寿一次献铜无量寿佛 900 尊，擦擦无量寿佛 9000 尊；紫禁城内以及承德避暑山庄、圆明园、清漪园、静宜园等皇家园林均有大量的无量寿佛的供奉。这反映出五方五佛观念的盛行及乾隆以后对西天极乐世界和长寿延年的祈求已经成为皇家宗教文化的重要主题。

2. 治镜阁体现了以五方五佛观念设计清漪园总体布局的规划思想

现代人与古人设计建造园林在理念上的主要差别是什么？毫无疑问，应该是依据的观念和知识体系不同，尽管现代人能够理解、欣赏和借鉴古人的某些造园思想，但一些已经断裂和死去了的古代知识和思想在古人造园时所起到的决定性作用，现代人如果不能深入地了解和把握古人的世界观、宇宙观、宗教观等根本性观念，而只是停留在对古人某些造园技术和手段的津津乐道上的话，那是很容易舍本求末和偏离古人的初衷意图的。笔者以为，对治镜阁在清漪园总体规划布局中的意义，以往的研究还终隔一层，没有触及乾隆等人的灵魂深处。

根据联系前面征引的《治镜阁陈设清册》中治镜阁三层的供奉主尊为无量寿佛的记载，笔者认为，处于园内最西部的治镜阁在清漪园设计者的规划本意中正是西方极乐世界的主尊——无量寿佛的道场。正是因为这种宗教意图，治镜阁在建筑形制上呈现为密宗曼陀罗（坛城）的构图，从而实现了该建筑"形"（外观）与"义"（内涵）的统一；同时，也正因为清漪园是乾隆帝以为母祝寿为目的而建的一座园林，五方佛神系中主寿的无量寿佛的道场才建得如此特异突出，瑰丽奇伟。

进一步，笔者认为：对清漪园这座一次性建成的皇家园林，乾隆帝在总体规划上是遵循了五方五佛的佛教世界观，即以理想中的佛国大世界的蓝图来规划构建这个为母祝寿的园林的理想化小宇宙、小世界的，五方五佛的佛教世界观是清漪园规划的总体观念，而在这一规划框架中，代表西方无量寿佛的治镜阁占有着十分突出的地位，这正体现了乾隆营建清漪园主要是为母祝寿的中心意图。

三、关于治镜阁历史功能的探讨

治镜阁当年做什么用即历史功能是什么？因为其高大坚固的城堡印象和孤悬边缘的地理位置等原因而蒙上了一层神秘的色彩，长期以来有"关押犯过太监的水牢"和"护军瞭望的哨卡"等说法。笔者认为：

第一，根据前引《嘉庆十二年份治镜阁陈设清册》的记载，阁内一、二层为宝座、掌扇、文玩等宫廷陈设，三层为佛堂，从陈设内容看，这样的庄严禁地只能是供帝王专用的。

第二，治镜阁上悬挂的匾额可以约略透露乾隆帝对该建筑的使用意向。阁一层匾额为"仰观俯察"，出自《易·系辞上》中有"仰以观于天文，俯以察于地理"之句；王羲之《兰亭序》中也有"仰观宇宙之大，俯察品类之盛，所以游目骋怀，足以极视听之娱，信可乐也"之句。该匾内容有明察天文地理、人间万物的含义，符合帝王的身份，同时也有视野开阔、享受观听乐趣的含义，符合通过游园放松身心的目的，也与帝王身份相关。

二层匾额为"得沧洲趣"（《日下旧闻考》误为"沧州"）。沧洲，指滨水的地方，古称是隐者所居。《文选·南齐谢朓·之宣城出新林浦向板桥》中有"既欢怀禄情，复协沧洲趣"之句，意为获得隐居水滨的乐趣。此额偏重帝王休闲的成分。

三层匾额为"治镜阁"，更是包含强烈的政治色彩。乾隆共留下 8 首题咏治镜阁的诗歌，几乎每首都要喋喋不休地阐发治镜阁命名的意图，其中，乾隆五十年的《题治镜阁》中的表达相对完整。其诗曰："湖中峙城阁，向题曰治镜。是盖有二义，申之以斯咏。一曰镜古治，善政与恶政。一曰镜今治，敬胜及怠胜。敬则其政善，民安而俗正。怠则其政恶，君骄而臣佞……"治为治理，镜为明察，治镜阁四面环水，波光可鉴，每当登临，乾隆正可提醒自己要时刻以史为鉴，明察政事，治国安民切勿懈怠和骄傲。

从乾隆为治镜阁题写的匾额看，该建筑在具体使用意向上几乎不见宗教功能，而是具有鲜明的帝王个人政治自警和忙里偷闲的游览休闲意味。

第三，清漪园的管理和防卫有其定制。依据专门记载清朝皇家园林护卫与管理制度沿革的《清会典事例》：清廷设总管园务大臣总理清漪园、静明园、静宜园三园；员外郎专管一园事务；苑丞、苑副、催长分管各处殿座、河道，轮流值宿，催长以下有催副，下辖马甲、园丁、园户（负责园内花木疏理等）、匠役、庙户、闸军（负责河道清理）、水手（负责船只划运）等；清漪园大小船只均由内务府太监经管。乾隆十八年（1753 年）清漪园开始设防，由八旗护军职掌，共设门汛六处，由一名副参领或署参领率 60 名护军负责；皇帝来园时则以参领 3 人、副参领 1 人和署参领 9 人、护军 240 人沿途清跸。从乾隆朝到光绪朝，苑丞、苑副、催长、催副、马甲、园丁、园户、匠役、庙户、闸军、水手的数量或有增减，但设置和职能基本沿袭未变。很明显，护军驻防的规定区域是清漪园的六处门区，皇帝来园时则增加军力清理警卫沿途，并无园内驻防的规定，这也是紫禁城、圆明园等皇家宫苑护卫驻防制度的通例。

从事理上分析，护军在治镜阁上驻防瞭望，不仅与该建筑陈设和匾额所体现的使用功能与文化内涵不相符合，从军事实用角度出发，由于该建筑孤悬水中央，兵丁的轮值和通报也是很不方便的。因此，笔者认为，认定治镜阁建筑在使用上有军事防卫功能尚需确凿的史料依据，关押太监更是无稽之谈。

当本文完成不久，笔者得到了一个至少对我来说颇具有震撼力的消息：治镜阁未毁前的历史照片在国外浮现了！其拍摄者可能是当年英法联军的随军摄影记者。无疑，这是最具价值的治镜阁史料！当刚刚从旅居国外的朋友处得知这一信息时，我还以为这一发现会使本文的写作和相关问题的探讨失去了很大一部分的意义，因为历史老照片是一种最简单有力、最不易发生理解歧义的史料，足以使一些长期纷争的话题平息。然而，当另一位圈内的朋友让我亲眼看到这幅老照片的电子版时，我感到，一方面，这幅照片的确可以丰富和纠正以往史料和研究包括笔者研究的不足；另一方面，这幅照片还不足以澄清和终结围绕治镜阁建筑历史面貌的问题和论争：照片中治镜阁建筑已经相当残破，三层的楼阁只剩下两层，可以明确的下层城台上的游廊也毫无存留，其内部的交通方式当然也无从反映；同时，我感到欣慰的是，该照片在不少方面证实了笔者研究结论和提出问题的合理性。因此，对治镜阁的史料搜集和学术研究仍有深入推进的空间。

2007 年

谐趣园全景

颐和园园林艺术特点漫谈

颐和园肇建于中国皇家园林艺术最为成熟的时代，规模宏大又保存得较为完整，可视为集中体现中国皇家园林艺术特点、成就和价值的标本，此文仅择其大旨而言，故称"漫谈"。

一、彰显皇家风范

作为皇家园林的杰出代表，颐和园最重要的特点无疑是其突出的皇家气派。颐和园规模巨大，面积宽广，纳大山大水、真山真水于一园之中，并相应地通过高阁、长廊、大岛、巨桥、长堤、阔亭等大尺度的建筑和构筑物组合全园基本框架，从而使得园林虽大却毫无零碎散漫之感，景点丰富多样却又和谐统一，这种磅礴大气不仅完全是以在较狭小区域内追求精雅情趣见长的私家园林所无法达至，就是与其他几座皇家园林相比也非常突出。明清时期尤其是清代的私家园林一般面积不过数亩、十数亩，能达到数十上百亩的已然少见，甚至有以一亩、半亩、片石为园名者，无非说明面积很小；面积小，各种建筑、水面、山石等造园要素的数量、体量当然就少和小得多；圆明园、避暑山庄等大型皇家园林的占地面积与颐和园相差不远，但由于是经过不止一代帝王之手，并历时数十近百年扩建，多表现为小园林的不断增添和集锦式组合，在由统一规划而创造出的磅礴大气方面要稍逊清漪园一筹。因此，在清代的"三山五园"中，最后建成的清漪园由于大山大水、高阁长桥、气势宏阔以及位置居中等特点，而成为整个三山五园皇家园林区的中心和统领。

而且，由于身份、地位、财力等条件的限制，私家园林在风格上只能是在追求文雅清新、朴素含蓄和诗画情趣方面用力；而清漪园（颐和园）的皇家身份则决定了其大自建筑规制、工艺、装饰、陈设的水准，小至一石一木的配置、一联一匾的题撰，都透露出鲜明的皇家风范。仅举园林建筑上附属的楹联为例，且不论诸如乐寿堂前"亿载论谋德超千古，两朝敷政泽洽九垠"、排云殿中"宝祚无疆万年绵福禄，天颜有喜四海庆蕃厘"这样的语句只能为帝王歌功颂德专用，即使是大量描写景致的联语如"万笏晴山朝北极，九华仙乐奏南薰"（湛清轩）、"西岭烟霞生袖底，东洲云海落尊前"（涵远堂）、"千条嫩柳垂青琐，百啭流莺入建章"（近西轩）等也是十足的皇家口吻和皇家身份，非皇家不能用、不敢用的。

二、荟萃天下美景

模仿、荟萃天下美景于一园是清代大型皇家园林的重要特点，这一特点在颐和园中反映得十分典型。如昆明湖是仿杭州西湖，西堤是仿西湖的苏堤，凤凰墩仿无锡黄埠墩，谐趣园仿无锡的寄畅园，苏州街仿江南水镇，四大部洲仿西藏桑鸢寺，涵虚堂的前身望蟾阁是仿武昌黄鹤楼，畅观堂是仿西湖的蕉石鸣琴，邵窝殿是仿河南洛

清代颐和园佛香阁图样 （颐和园藏）

颐和园全景

阳的安乐窝（宋代哲学家邵雍的宅院），转轮藏是仿杭州法云寺藏经阁，赅春园中的留云室是仿金陵永济寺，耕织图是仿江南水村，等等。正如乾隆题写在宝云阁前石牌坊上"苕雪溪山吴苑画，潇湘烟雨楚天云"的联语所概括的：此地汇聚了江浙一带的山水和两湖地区的风景。这种网罗天下著名景观于一园的手法，不仅造就了皇家园林规模的宏大和景观的丰富，也反映了帝王主宰和富有天下的政治内涵，是其他类型的园林既无力也不敢去做的；而且，这种仿造集萃绝不是简单机械的生搬硬套，而是根据自身特点因地制宜，仿其形制，取其立意，学其精神，正如乾隆所说的"略师其意，就其天然之势，不舍己之所长"。所以能与周围环境和谐融洽而不见模仿和堆砌的痕迹，甚至产生青出于蓝而胜于蓝的效果。

三、构筑人间仙境

在古代社会，"神仙境界""佛陀乐土"是人们晨昏修行祈祷，企望脱离尘世苦海而达至的"极乐"彼岸，但以"上天"在人间的唯一代表自诩的封建帝王却能凭借巨大的权力和财富将这种虚幻的"世界"落实到人间。构造"人间仙境"是中国大型皇家园林悠久、独特的传统。昆明湖中的南湖岛、藻鉴堂岛和治镜阁岛三座岛屿的设置，是中国皇家园林自秦汉以来就有的"海上仙山"模式的体现；后山四大部洲和须弥灵境建筑群则是佛教世界的反映；"排云殿"及其配殿"芳辉""紫霄""云锦""玉华"以及"云辉玉宇"牌楼等名称分明指示着这里便是"神仙排云出，但见金银台"的"天上宫阙"；其他如原治镜阁上"蓬岛烟霞"的题额、养云轩钟式门上"天

万寿山昆明湖之晨

外是银河烟波宛转，云中开翠幄香雨霏微"、玉带桥西侧"地到瀛洲星河天上近，景分蓬岛宫阙水边明"的对联等，都典型地显示着颐和园要在"人间"营造"超人间"境界的强烈意愿。

四、充满诗情画意

"诗情画意"是中国古典园林的突出特点和至高追求。在中国古典园林的发展过程中，传统绘画尤其是山水画的渗入，深刻地塑造了中国古典园林的面貌。从理论上来说，尽管中国造园有着长期的实践和丰硕的成果，但专门的造园理论却极为贫乏，中国传统的造园理论基本上是出自绘画理论：绘画是在平面上作立体之形，造园则是在地面上结空间之体，所谓"由绘而园，化平面为立体，水石之外，旁及土木"和"以粉壁为纸，以石为绘"而已，所用素材虽然不同，原理却是一致的；从实践上来看，中国古代的造园家都是画家或是有很高绘画造诣的工匠。因此可以毫不夸张地说，绘画是造园之母。当年，清漪园的许多景点就是依照随乾隆南巡画师的"摹本"建造的；有些景点则直接取材于古代著名绘画，如景明楼是按照元代赵孟頫《荷亭纳凉图》中的景致建造；有些景点则以含有绘画意味的名称命名，如"耕织图""画中游""写秋轩""绘芳堂"等，无非是追求风景如"画"的效果，或者就明白宣示该景点就是景色如"画"；同时，乾隆皇帝在游园中也常常不厌其烦地咏赞清漪园景色如"画"，将之比作"米家（南宋著名画家米芾、米友仁父子）画""孟頫画""看活画""天然图画"等；慈禧时期的楹联如"台榭参差金碧里，烟霞舒卷画图中""锦绣春明花富贵，琅玕

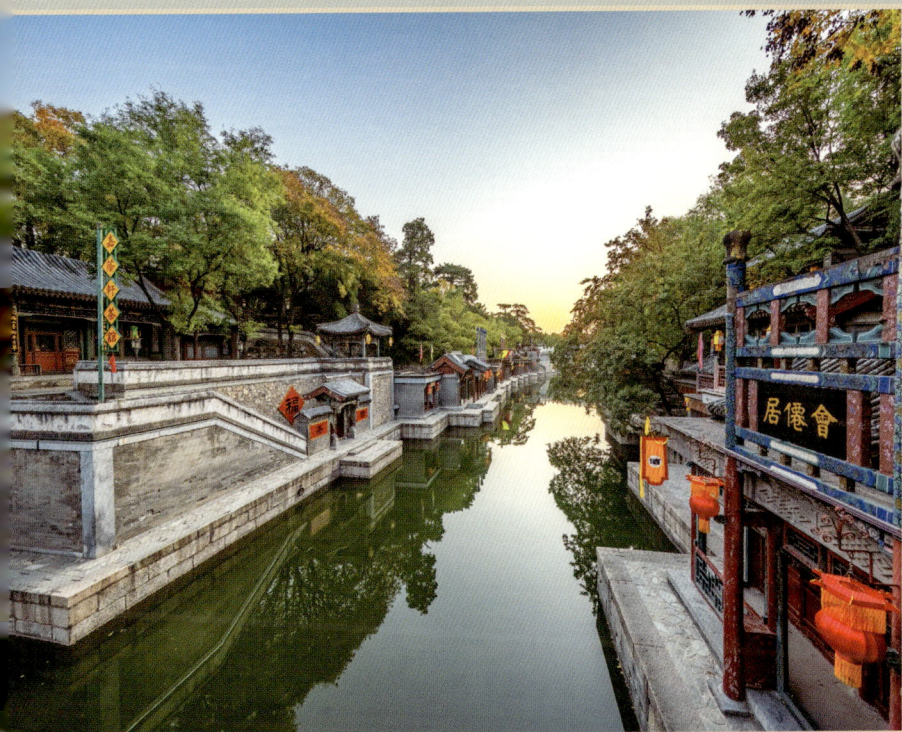

苏州街秋色

画静竹平安"等，也都直接点明颐和园景色如"画"，这都说明了颐和园与传统绘画密不可分的关联及其盎然"画意"。

清代文人钱泳对造园有过这样一番妙论："造园如作诗文，必须曲折有法，前后呼应，最忌堆砌，最忌错杂，方称佳构。"另一位清代文人则有"换却花篱补石栏，改园更比改诗难。果能字字吟来稳，小有亭台亦耐看"的感慨。可见，在传统文人看来，作诗文与造园原理相通。作诗文讲求"意境"，造园也讲求"意境"；作诗文讲求"引经据典"，造园也讲求"引经据典"；作诗文讲求"起、承、转、合"，造园也讲求"起、承、转、合"。园中景物的布局、游览线路的安排，如同诗文一样要有起笔、铺陈、转折与起伏、层次、高潮、警句、结尾等等，一波三折才能引人入胜。从此角度而言，颐和园的总体布局便堪称是一篇"起、承、转、合"各环节具备的大文章：从东宫门前至仁寿殿后假山谷道，朝房、宫殿的肃穆渐渐为花木山石的活泼冲淡，园林的讯息已隐约透出，是为"起笔"；穿过假山谷道，浩渺烟波、山光塔影、亭台楼阁豁然显露眼前，顿显皇家园林的大气，令人精神振奋，直至长廊西端的石丈亭，可谓"承笔"；从石丈亭向后山后湖兜转，景色转为曲折幽静，水转峰回，步依景移，与前山判若两境，令人如置身山林，可谓"转笔"；游至山水的尽头，以为已经山穷水尽，无景可观时，一座精致的园中之园却蓦然映入眼帘，又将人带到皇家园林的氛围中，与前山的湖光楼台相呼应，可谓"合笔"……

颐和园的诗意还表现在大量以诗歌形式或语言题写的匾额、楹联、碑刻、摩崖上。饱读诗书的皇帝和翰林大臣、文学侍从们将景物的特点概括提炼，以典雅的诗歌语言予以命名和描绘，从而将诗的意境注入在山色湖光和亭阁楼台之间。如玉澜堂的题名，可令人想起晋人陆机"玉泉涌微澜"的诗句；夕佳楼的题名则可体味陶渊明"山气日夕佳"的闲适；鱼藻轩的题名令人想起《诗经》中"鱼在在藻"的咏叹；养云轩"川泳云飞"的题额，则令人想起韩愈"鱼川泳而鸟云飞"的意境……

五、以有限反映无限

颐和园 4500 余亩的面积已然很大，但可欣赏的园林景观空间却远远超越了这一范围。当年的东、西、南面都不设围墙，在西面，距颐和园五里开外的玉泉塔影及十余里外香山、西山的峰峦秀色，皆可"借"入园中，实际的视觉边界是一脉西山与万里长天的交接之处，这是当今仍保存较好的一段借景；东视、南视，当年可以望见三山五园中的畅春园和圆明园、西直门的城楼、蜿蜒的长河和漠漠的平野，甚至紫禁城中金光闪耀的琉璃瓦顶，可惜现在要么已经不复存在，要么已经被城区崛起的高层楼群阻断。这是突破有限疆界，将广阔的外部景观组织进园林之内的造园手法的体现。

颐和园的无限风光还体现为通过在有限空间内的匠心巧运，而给人以视觉和心理上的无限广远之感。如昆明湖中三座大岛的设置，固然是对秦汉时代"海上三仙山"模式的承袭，但乾隆不是一个迷信神仙宗教和方术的君主，所以不存在要满足对"求道长生"的向往，而是企图通过比拟和联想，使人将有限空间内的昆明湖三岛与缥缈无垠的"海上三仙山"在心理上联系起来，从而使有限的

排云殿

物理空间向无限的心理感受过渡与转换；再如后溪河长度不过千余米，但造园者在曲折变化上着意经营，通过石矶、峡口、桥梁及岸边地形、建筑的布置，将河道隔成连续而又各具不同景观特色的流段，增加了开合收放的变化，有效地避免了河身僵直的单调感，使之在仅为千余米的水程中，似乎浓缩了中国南方江河穿山度峡、经市过埠、融流汇川、蜿蜒不尽的上千里水域的丰富景观。所谓"一峰则太华千寻，一勺则江河万里"，这种以小见大，以有限反映无限，以咫尺山水体现高山大川乃至天地宇宙的手法，正是中国传统造园艺术的特点和追求所在。

富有历史文化内涵的题名、匾联等，还能够以超越纯粹欣赏风景的丰富精神联想作用，成为使人完全突破物理空间的局限而进入和遨游广远的时间长河的钥匙……如泛舟昆明湖，当能追怀汉武帝开昆明池习战船的雄才大略；游览"扬仁风"，自要缅想东晋名流袁宏出言惊四座的机敏善对；登临景明楼，则必仰慕范仲淹"先天下之忧而忧，后天下之乐而乐"的崇高风范……通过园林景观的欣赏而感悟历史的回荡、文化的熏陶与精神的超越，才真正是深层次的园林游览，才真正可触及中国园林的精神和魂魄所在。

六、深厚文化积淀

颐和园的历史文化内涵极为丰富深厚，首先表现在它是自清代乾隆朝以来250余年，尤其是中国最后一个封建王朝自最为强盛的乾隆初年至走向衰亡的慈禧晚年160年中国历史、社会、文化、艺术诸领域发展变化的一个重要舞台、缩影和见证。从清中前期的帝王游豫地，到清后期的重要政治外交中心，其间国势的盛衰、经济的消长、内政外交的风云变幻、重要历史人物命运的沉浮以及文化、艺术、科技的变迁史，大都与颐和园有着或多或少的关联，甚至就是颐和园发展变化的关键内容，因此，不了解这160年乃至250年中外政治、经济、文化发展的大势乃至细节，颐和园的历史文化内涵是不可能说清楚的。如不了解清代北京的水利情况，便难以认识乾隆拓展疏浚昆明湖的意义；不了解乾隆皇帝的生平和才情，便难以明白颐和园（清漪园）为什么是如此面貌；不了解光绪年间的政情，也就无法知晓颐和园重建的原因及其在当时国家政治生活中所发挥的作用……

颐和园的历史文化内涵还远远超越了颐和园本身250年历史赋予的内容，而与中华民族数千年的造园史一脉相承。从纵向的时间序列上说，远自秦汉时期皇家园林的"海上三仙山"模式，近至乾隆、光绪时代的各地名园、名景；从横向的空间范围上讲，从江南园林、中原名胜、乡镇风光、高原圣寺甚至欧式造型，上下数千年造园艺术的精华、纵横万里的景观风物被浓缩在一园之中。因此，没有中国数千年造园史的积淀和全国各地名胜景观建设的成就，颐和园这样的园林艺术杰作是不可能凭空产生的；相应地，没有对中国数千年造园史和南北各地名胜景观的深入了解，对颐和园内涵的了解恐怕也是相对肤浅的。如，昆明湖的命名便来自汉武帝在长安（今陕西西安）昆明池训练水军的故事，同时乾隆在咏昆明湖诗注中还提到过南朝齐武帝在建业（今江苏南京）元武湖训练水军，并也号称昆明池的典故，在此基础上，理解乾隆在《御制万寿山昆明湖记》中"景仰放勋（传说中远古的圣王——尧）之迹（治水的功绩），兼寓习武之意"的说明，也就容易了：除了为母祝寿外，昆明湖的实际功用也就是兴水利和练水军；近西轩楹联"千条嫩柳垂青琐，百啭流莺入建章"中的建章、青琐在颐和园楹联中数度出现，而了解一下中国园林史、建筑史的常识便可知道，它们指的是汉代的宫苑建筑和宫门装饰，后来成为皇家建筑的代称；耕织图反映了农业生产的图景，是皇帝在园林中观览和表率重视农桑的象征，极具特色，但却不是孤例，中南海的丰泽园、圆明园四十景中的"北远山村""杏花春馆"和"多稼如云"等处，都曾建有类似的景观；同样，避暑山庄的芳园居、圆明园的同乐园都曾是宫苑中定期进行买卖交易的场所，但最晚出现的清漪园苏州街却将这一形式发挥到了景观化、艺术化的极致……因此，只有将颐和园放到数千年中国

萬壽山昆明湖記

歲乙巳考道惠河之源而勒碑於麥莊橋元史所載引白浮甕山諸泉云者時皆湮淺不

可詳夫河渠國家之大事也浮漕利涉灌田使漲有受弗旱無虞其在導源有方而疏瀹之隄塞淮

不置乎是不宜聽其泆瀺泛濫而不治因命就甕山前葦葭之叢雜迄沙泥之隘壅

西湖之水都為一區經始之時因事咸以萬新湖之郛與深兩倍於舊迤驪水之西

之及湖成而水通則汪洋澒洞敧舊倍於昔又慮夏秋汛漲或有陳廣其故集事之難

可與樂成者以因循為意得計而古人良法美意利巳及民而中止不究者皆是也今之甕

牖為壩為涵洞非所以待汛漲乎非以巳啟閉之時使東南順軌以浮

漕而利涉乎首之城河水不盈尺今則三尺矣昔之海甸無水田今則水田日闢矣顧于

不以此餘其能而滋以懼蓋天下事必待一人積思勞慮親細務有荓棘致衆羣之難恤

而為之以俟偉而成焉則其所得者必少而所失者必多矣此子兩重惕夫集事之難也

湖既成因賜名萬壽山昆明湖景仰放勳之跡蕪寓習勞之意浮泉甕山而易之曰萬壽

云者則以今年茲逢

皇太后六旬大慶建延壽寺於山之陽故兩寺別有記茲特記湖之成並元史所載泉源始末

慶興所由云

乾隆十有六年歲次辛未長至月御製并書

乾隆御书万寿山昆明湖记石碑拓片

颐和园四大部洲

南北造园艺术继承与发展的序列中去，才有可能真正了解它在中国造园史上的价值和意义。

　　总之，从表象上看，颐和园的山水、建筑、花木、陈设等组成要素都是一种物质的存在，是一种物质材料的经营，但在更深层次上，其所赖以支撑的却是一个庞大、完整的文化体系，即传统的哲学思想、宗教观念、礼仪制度、道德追求、历史典故、文学、绘画、书法、戏曲艺术等才是洋溢在园林物质躯壳内外的魂魄和精神。如"天人合一""师法自然""阴阳"等哲学观念；如"仁者乐山，智者乐水""玩芝兰则爱德行""睹松竹则思贞操""临清流则贵廉洁"等儒家"比德"思想；如"虚、实""隐、显""动、静""曲、直"等美学范畴；如"山立宾主，水注往来；山要曲折，峦要崔巍……""密处不透风，疏处能走马""平远、深远、高远"等绘画理论；如"普

天之下，莫非王土"及"移天缩地在君怀"的帝王意识；如宗教在传统社会的功能、地位及艺术形式；上下几千年中的各色历史典故、人物事迹、神话传说、文学佳作等等，在颐和园中都有着或多或少或直接或间接的反映。因此，说颐和园是中华优秀传统文化的宝库，乃至联合国教科文组织评价说"以颐和园为代表的中国皇家园林是世界几大文明之一的有力象征"，是毫不夸张的。

2004 年

耕织图春色

乾隆诗中的清漪园耕织图景观

　　清漪园时代的耕织图是一个什么模样呢？弄清这一点，是耕织图景观恢复的基本前提及其历史文化内涵挖掘的重要内容。清朝的官修史书《日下旧闻考》中有这样一段记载："治镜阁北湖岸为延赏斋，西为蚕神庙，北为织染局，其后为水村居。延赏斋在玉带桥之西，前为玉河斋，左右廊壁间嵌耕织图石刻，河北立石勒耕织图三字。蚕神庙每年九月间织染局专司祈祀，又清明日于水村居设祀，织染局内前为织局，后为络丝局，北为染局，西为蚕户房，环植以桑。又西隔玉河皆稻田。"这段记载清晰地记述了清漪园耕织图的大致布局和使用功能等内容；然而，这种极粗线条的勾勒和面无表情的记述，还远不能满足重建清漪园耕织图形象的需要。

　　如欲寻觅更加丰满鲜活的耕织图景，人们必须借助的最有力工具，恐怕还是乾隆皇帝的那些歌咏诗唱。乾隆是清漪园的设计者和园主人，一生写下关于清漪园的诗作1500余首，其中关于耕织图景观内容的作品有近70首。乾隆诗的最大优点在于"写实"，凡眼之所见，心之所想，足之所履，上自军国大政，下到风土游踪，无不发为咏歌，记其情形，而且许多诗还附有详细的注文，是价值极

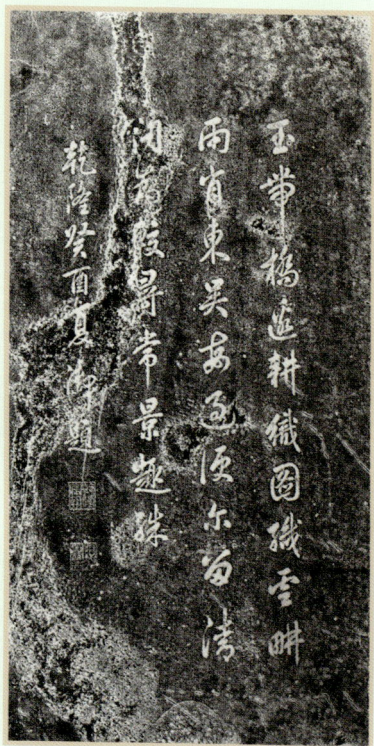

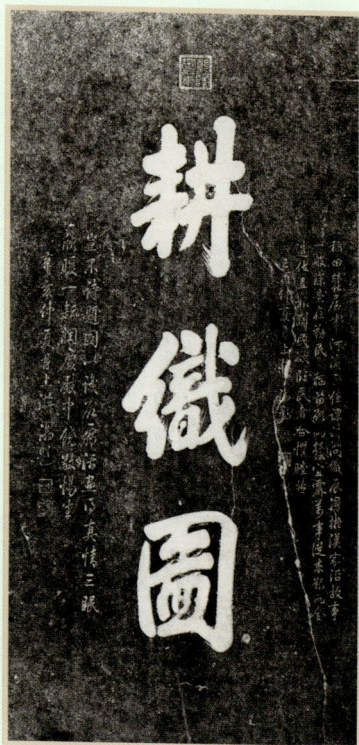

乾隆御题耕织图石碑拓片

高的"史料"。解读这些诗作，使我们有可能通过乾隆的目光，穿越那邈远的时空阻隔，去触摸清漪园耕织图早已飘逝的历史身影。

一、仿江南水乡风貌兴建

对清漪园耕织图稍有了解的人大都知道它是乾隆仿江南水乡风貌而建的景区，但却未必知道做出这一判断的根据便是乾隆的诗歌："玉带桥西耕织图，织云耕雨学东吴"（《耕织图口占》，乾隆二十年）；"桑苎桥边鸣桂棹，溪村何异过江南"（《昆明湖上》，乾

乾隆耕织图石刻——"捉绩"图　（国家博物馆藏）

隆二十九年）；"分明一段江南景"（《题耕织图》，乾隆二十九年）；
"水村本是肖江南"（《水村居口号》，乾隆五十二年）……大量的
乾隆诗句明白指出：耕织图景观是学自江南、酷似江南。

　　耕织图的景致怎样酷似江南？《乾隆诗》对此也有明白具体的
指陈："水天气象略如彼"（《耕织图口占》，乾隆二十年）是说这里
的自然条件酷似江南。的确，这一带山明水秀，泉流丰美，早在明
朝时就有"西湖景"的艳称，为乾隆模仿江南景观提供了客观条件；
但耕织图所以能酷似江南，更大程度上还在于人力的经营：乾隆
十四年（1749 年），乾隆通过疏浚昆明湖拓展水源，进一步扩大了
周边京西稻田的种植面积，又于乾隆十七年（1752 年）将原位于
地安门附近的内务府织染局迁至仿西湖苏堤而建的昆明湖西堤一
侧，从而创造出了"柳金桃绮春风梦，蚕陌鳞塍耕织图"（《昆明湖

上作》，乾隆二十七年）、"润含植稻连农舍，响讶缫丝答客桡"（《题耕织图》，乾隆二十九年）这般桃柳春风如梦、稻田与农舍相连、织机声与船橹声应答的江南水乡景象。

二、乾隆重农思想的反映

农业是中国传统社会最重要的生产部门，年成丰歉关系着国计民生甚至皇朝命脉。读乾隆的诗作可知，作为中国封建社会历史上一位有才华有作为的皇帝，乾隆在清漪园中创作耕织图景观，固然有其"引胜还娱揽结情"（《泛舟昆明湖遂至玉泉》，乾隆十七年）的赏心游娱目的，但同时也包含着"本缘寓重农桑意"（《泛舟昆明湖遂至玉泉》，乾隆十七年）、"率欲因之民务探"（《昆明湖泛舟至玉泉山》，乾隆二十六年）这种重农观耕，借以了解生产情况的意图。

至少从字面上看，乾隆在游耕织图的过程中主要关注的还是"民务"，即农桑生产情况。乾隆十八年（1753年），乾隆已在通过刚刚建成的耕织图观察了解稻蚕生长的状况（"两岸耕织图，民务取次看。新蚕已分箔，出秧绿针攒。"《自玉河泛舟至玉泉山》）；二十四年（1759年），他从耕织图经过，便想到要开始筹划一年的农业工作（"恰从耕织图边过，一岁农桑自此筹。"《自玉河泛舟至石舫》）；二十五年（1760年），一场春雨过后，乾隆乘舟至耕织图边，关心的不是景观游赏，而是耕男织女的生产情况（"哪为无端供问景，所廑纤妇与耕夫。"《昆明湖泛舟拟竹枝词》）；二十八年（1763年），乾隆从玉泉山乘舟回清漪园途经耕织图，又一次提醒自己要体念衣食得来不易和时刻关注农业生产这一根本大计（"艰哉衣食勤民本，此志何时可暂无。"《自玉河泛舟至石舫得句》）；三十八年（1773年），乾隆自石舫登舟游湖，在经过耕织图时，又频繁咨询农业生产的情况（"迤逦耕织图前过，织情耕况频咨诹。"《自石舫登舟返湖之作》）；直至晚年，乾隆在游清漪园时仍然强调"而我农桑为要务，先从耕织阅佳图"（《界湖桥》，乾隆五十六年）。在乾隆咏耕织图的诗中，这类关注"农桑"的作品数量最多，不胜枚举，因此恐怕不能认为是出于虚伪。

但乾隆手下的很多人却并不这样看，这在乾隆的诗中也有反映。不少人不理解乾隆表白的"崇高"目的，认为耕织图不过是对江南美景的摹写（"为重女功劝燕北，漫猜画意肖江南。"《初夏万寿山杂咏》，乾隆二十一年）；有些人则猜测，耕织图与昆明湖东堤边的铜牛遥遥相对，是对汉代皇家宫苑昆明池两岸分立牛郎、织女石雕典故的仿效（"从人漫拟女与牛"，《诣畅春园问安后遂至万寿山即景杂咏》，乾隆二十年；"漫拟汉家沿故事"，《耕织图二首》，乾隆五十四年）；还有个别人甚至公开指责乾隆是打着"重农桑"的旗号满足个人的游玩目的。对此，乾隆也在诗中为自己辩解："耕织图边一舣舟，来观织作岂来游。万方衣庇吾恒愿，张氏还嗤为己谋。"〔《自玉河泛舟至玉泉山即景杂咏》，乾隆二十年（1755年）〕。看来，对这种种的猜测和指责，乾隆似乎颇有些无奈。

乾隆后期，清朝国势渐衰，社会危机加剧，为乾隆反省自己早年耗财巨大的造园行为提供了环境。乾隆五十七年（1792年），垂暮的乾隆皇帝在耕织图的延赏斋中写下了"却非役目于林泉，更弗玩物乎花鸟。然究有此不如无，延赏之际愧不小"（《延赏斋》）的诗句。意思是：虽然非为游玩而建，但终究建不如不建，所以还是很惭愧！只是不知道他所指的"有此不如无"是延赏斋，是耕织图，还是清漪园？！

三、非一建而成

耕织图是清漪园中较早兴建的景区，据乾隆诗可知，至迟应在乾隆十七年（1752年）就已基本完工，因为在乾隆十七年的御制诗中，已经有了"请看耕织图中趣"（《泛舟玉河至静明园三首》）和"位置溪村率就成"（《泛舟昆明湖遂至玉泉》）的诗句。但这时的耕织图，还并不是后来《日下旧闻考》中记载的所有内容，至少对耕织图景观具有重要意义的乾隆版《耕织图》石刻，是在近20年后的乾隆三十六年（1771年）才嵌置到延赏斋前的廊壁间。

乾隆二十六年（1761年），乾隆乘舟由昆明湖去玉泉山，看到耕织图一带耕男织女们正在风光优美的田园中紧张地劳作，犹如一幅活动的画卷，禁不住得意地吟出"耕织图边看活画，四明楼璹较应惭"（《昆明湖泛舟至玉泉山》）的诗句。楼璹，南宋诗人，祖籍四明（今浙江奉化），是中国历史上以诗画合一的《耕织图》形式表现农桑生产过程的首创者，其绘制的四十五幅《耕织图》是后世众多《耕织图》创作的蓝本，对推广农桑技术产生了深远的影响。乾隆这首诗歌表达的意思是：楼璹只是创作了纸绢上的《耕织图》绘画，而我在这里创造的却是活生生的"耕织图"现实，所以，我比楼璹要更高明！且不论乾隆的这种自负是否恰当，但它分明传递了一个信息：时至乾隆二十六年，乾隆已经将清漪园耕织图景观与

乾隆耕织图石刻拓片 　[国家图书馆藏]

历史上的《耕织图》艺术作品联系起来。或许，这就是乾隆后来要在这里陈置《耕织图》石刻的最初灵感。

乾隆三十四年（1769 年），将灵感化为现实的条件成熟了。这一年年初，乾隆得到了一卷属款为南宋画家刘松年创作的《耕作图》，与几年前大臣蒋溥进献的一卷被认定是刘松年作品的《蚕织图》在笔法、纸幅、长短、识篆等方面无不相同，可以断定是出自一人之手。可乾隆细读《耕作图》卷后的跋语并对照两图卷上的印篆，断定这两卷《耕织图》是元代画家程棨临摹楼璹作品，刘松年的题名乃后人伪造。《耕》《织》两图的合璧与订误，令乾隆十分兴奋，他在原作上依每幅图中楼璹诗的原韵，也作诗四十五首，装裱后收藏在圆明园的多稼轩，同时下令上石摹刻，准备陈置在清漪园的耕织图，以强调对农业生产的重视。所以，这一年的《御制诗》

里有了这样的诗句："近吟程棨卌五首，勒石行将示要谟。"诗后还附有注文："近取程棨耕作图二十有一、蚕织图二十有四，订正装潢，藏于御园之多稼轩，并令摹锲贞珉，置于此处。"（《自玉河泛舟至昆明湖即景杂咏》）

刻石工作一定做得非常精细，因为直到乾隆三十六年（1771年）的御制《耕织图》诗中，才有了刻石被嵌到耕织图廊壁间的记录；三十七年（1772年）正月，乾隆在紫禁城重华宫举行了以《耕织图》为题的度茶宴联句活动，并有"考订程图重摹勒"（《重华宫茶宴廷臣及内廷翰林等题程棨耕织图联句复成二首》）的诗句，应是刻石完工的纪盛之举。

《耕织图》石刻被嵌廊列置于耕织图，标志着耕织图景区的全面建成。乾隆为此快慰地哦吟道："今朝耕织图名副，为尔廑怀正未央。"（《昆明湖泛舟由玉河至静明园沿途杂咏》，乾隆四十年）意思是：如今耕织图的名称与实际已经达到了完美的统一，但我对农业生产的关怀却正深正长、没有止境。

四、乾隆造园艺术的最高境界

耕织图的建筑虽然大都率易简朴，但在乾隆的心目中却是清漪园最有魅力的景区。"玉带桥边耕织图，织云耕雨肖东吴。每过便尔留清问，为较寻常景趣殊"（乾隆十八年），风光情趣与众不同，每次经过自然都要多关注一下；"入画偏欣耕织图，鸣机声里过飞舻。醉鱼逐侣翻银浪，野鹭迷群伫绿蒲"（《泛舟至玉泉山》，乾隆十九年）的诗句，则表达了乾隆对耕织图自然生动的田园意境的偏

乾隆耕织图石碑题跋　（国家图书馆藏）

爱；二十五年，乾隆登上望蟾阁（今涵虚堂，原为三层）的顶层，居高环顾清漪园全貌，更是由衷感叹"北屏万寿南明湖，就中最胜耕织图"（《登望蟾阁极顶放歌》），视其为清漪园景观之翘楚。

　　乾隆如此欣赏和喜爱耕织图，最重要的原因是这里能体现他重农桑的政治情怀和"探民务"的统治需要，当然要比那些只供纯粹游赏的景点更具意义，这是乾隆作为一位杰出封建君主的政治素养的体现；其次，中国传统文化与艺术历来有推崇"返璞归真"和"活泼生动"、反对过分人工雕琢和僵化虚假的倾向，朴实生动的田园景象无疑也更加符合文化底蕴深厚的乾隆皇帝的审美趣味；第三，"景色如画"是中国造园艺术的至高追求。在乾隆的眼中，耕织图极具大画家赵孟頫（字子昂，宋朝皇族后裔，乾隆对其作品最为推崇）笔下的山水意境，如"耕织图常揽，而非赵子昂"（《雨后万寿

民国时期的耕织图景区周边照片

山二首》，乾隆二十一年）；"诗情画意神会处，疑披合幅阅王孙。"
（《玉河泛舟至玉泉》，乾隆二十二年）总之，耕织图景观充分贯彻
和体现了乾隆皇帝的政治理念、审美倾向及艺术趣味，标志着乾隆
造园艺术的最高境界。

五、朴拙野逸的水村居

水村居，在耕织图景观中相对独立，自成一区，极富特色，是仿江南鱼米之乡风格而建，乾隆诗中多有"鱼舍蜗寮肖水乡"（《自玉河泛舟至石舫》，乾隆三十三年）、"水村本是肖江南"（《水村居口号》，乾隆五十二年）的句子；它与织染局和清漪园主景区有水相隔，来往须仗舟楫（"东邻西舍隔流水"，《水村居》，乾隆三十六年；"舟往仍须舟与还"，《水村居》，乾隆三十四年）；乘舟可直达门前（"一水到门前"，《水村居》，乾隆三十五年）；其门为竹木制成（"雨过涨影到柴门"，《水村居》，乾隆三十年；"水村扣竹扉"，《水村居》，乾隆三十一年），墙是竹篱围就（"竹篱茅舍春增趣"，《水村居》，乾隆三十四年），一条细长的石径通向屋室（"夏仲林阴深石径"，《水村居》，乾隆三十年），风格十分古朴；屋室的形式应是较为低矮简朴的民间式样：茅草为顶，土台作阶（"茅土风犹在"，《水村居》，乾隆三十五年；"矮屋疏篱带野汀"，《水村居》，乾隆三十六年）；正符合"茅屋竹篱象水村"（《水村居》，乾隆三十年）的立意和命名；相应地，河岸不以石头码砌，而以自然的"沙岸"示人（"沙岸维兰舫"，《水村居》，乾隆三十一年）；岸边还建有一座草亭，以供御舟停靠（"乘舟来舣岸旁亭"，《水村居》，乾隆三十五年）；九五之尊平时少有机会接触民间，为了借以了解农村生活，两厢还建有鸡舍猪栏（"左右鸡豚社"，《水村居》，乾隆三十五年），放养了一群鸡、鸭、猪等家畜（"绕舍孳惟鸡与豚"，《水村居》，乾隆三十年，"蓄鸡放鸭非无谓，借以知民生计艰"，《水村居》，乾隆三十四年）。

民国时期的耕织图照片

水村居的植物配置也散发着浓郁的乡土气息。外围自然少不了稻田和桑林，因此从"村"中可以看到"驱马稻秧布，育蚕桑叶肥"（《水村居》，乾隆三十一年）的耕织景象；屋后、岸边、竹篱旁栽种着杨、柳、桃、枣等树木，春天里桃柳争艳，夏季时林荫送爽（"屋有绿杨围"，《水村居》，乾隆三十一年；"墙外红桃才欲绽，岸旁绿柳已堪攀"，《水村居》，乾隆三十四年；"竹篱风送枣花香，鱼舍蜗寮肖水乡"，《自玉河泛舟至石舫》，乾隆三十三年；"夏仲林阴深石径"，《水村居》，乾隆三十年）；庭院中的台阶下、石径旁混植有多种草本花卉，花开时一片姹紫嫣红（"径多红花护"，《水村居》，乾隆三十一年；"丁星杂卉侵阶紫"，《水村居》，乾隆三十六年）。自然、清幽的环境引来了翩翩蝴蝶，穿窗过户，自由飞舞；野渡无人，蜻蜓则安然闲立在竿头，似乎要与静静流逝的光阴共老（"吟牖自开入蝴蝶，钓竿闲置立蜻蜓"，《水村居》，乾隆三十六年）。一幅多么淳朴闲逸的水村图卷啊！

1860 年，清漪园耕织图遭英法联军焚毁，清政府于 1886 年在其废墟上改建昆明湖水操学堂并划出了重修的颐和园外；1999 年，颐和园将沦为工厂车间和宿舍多年的水操学堂收回，在修缮学堂现存古建筑的基础上着力恢复清漪园耕织图的景观风貌；2003 年 10 月，耕织图一期工程竣工，二期水村居恢复工程计划将于明年完成，届时，一处融合了清漪园耕织图和晚清昆明湖水操学堂的历史景区将完全现身于世人面前。

2004 年

延赏斋抱厦联

龙睛点毕神采飞

——耕织图景区建筑楹联

  匾联，即建筑的匾额与楹联，是中国传统建筑特别是园林建筑独有的特色。匾额多取横，悬于建筑的檐下正中；楹联则取竖，成对挂在建筑明间的楹柱外侧，是以文字题写建筑名称，抒发志向感情，咏赞风光景致的载体；尤其是园林中的匾联，不仅能以精良的制作、精妙的书法起到极好的装饰作用，更能以精彩的诗文题咏画龙点睛，引人联想，深化人对景观环境的理解，甚至熔铸经史典籍，使人获得更加广阔的审美享受和文化启迪。匾联对传统园林建筑的重要意义，决定了其为耕织图景区恢复的一项必要内容，2004 年耕织图建筑复建完工后，我受命承担了补配建筑楹联的任务。

  清漪园所有建筑匾联的撰写与题写基本出自乾隆皇帝本人，耕织图景区的匾联实物，虽然随着原始建筑的湮灭而不存，但"澄鲜堂""延赏斋""玉河斋"等匾额名称还是通过史籍档案等文字资料保存下来，为今天的恢复工作提供了准确依据；而与匾额相配的楹联则因未能幸运地进入历史记录而不可复得。好在，乾隆皇帝留下了大量咏清漪园和耕织图的诗歌，我在充分体味和考虑了景观特色、对仗上口、易于理解等因素的基础上，从中挑选了几副契合耕织图景观意境的佳对，请擅长馆阁体的书法家按照乾隆书风撰写，令工匠制作，悬挂于相应建筑间。乾隆原作的题名仍配以乾隆诗对，庶几距离乾隆当年眼观身受的意境不远。

澄鲜堂

澄鲜堂之名为乾隆所题，读乾隆的御制《澄鲜堂》题名诗，可知是因水命名，"澄""鲜"皆是指"水"；大概乾隆到此游览常在冬季，只见冰封水面而不见澄清鲜活的波光水态，因此有"溪堂责实与名殊"的句子，即感叹澄鲜堂冬天的景观名不副实；但乾隆擅长辩证思维，"凭观悟得盈虚理"，即领悟到了事物形态变化转换的道理，如他在诗中说道："冰无澄鲜能，水实澄鲜所。冰水本一体，虚实用因连。"意思是"冰"不具备"水"所具有的表现"澄鲜"面貌的能力，但"冰"与"水"的本质是一样的，只是表现形式不同罢了；在另一首《澄鲜堂偶题》中，乾隆又阐释这一观点说："莫云冰实无澄意，澄意由来在此中。"意思是不要说坚冰没有澄清之水的含义，其实澄清的水本来就包含在坚冰里面。就是说，乾隆认为自己在冬季里看到结冰的湖面，也能感悟到澄清之水的活泼之意。很有哲理和机趣！

澄鲜堂是一座面阔三楹、东西朝向的临水建筑，前后皆有湖泊夹绕；向西看，玉泉塔影历历在目，西山爽气举手可接；向东看，则见湖波如镜，西堤逶迤，桥柳掩映。据此，我为澄鲜堂选配了这样两副楹联，西向为：

澄鲜堂

澄鲜堂西面

已欣春景丽如许

又见西山云吐新

　　句出自乾隆三十三年（1768 年）的御制《昆明湖泛舟即景杂咏》之二，词义很是明白浅易。如能在春光明媚或春雨飘潇时游览此处，或能欣遇苍润西山白云出岫的奇景，令胸中尘氛一洗而空。

　　东向楹联则为：

澹沱溪烟接六桥

双湖夹镜荡兰桡

澄鲜堂东面

句出乾隆十九年（1754年）的御制《湖上杂咏》之四。澹沱（音 dàn tuó），为水波清澈流荡的样子。当时，乾隆乘坐的御舟正行至 耕织图地带，故诗中描绘与澄鲜堂周遭的景观特点较为吻合。

延赏斋

延赏斋临水而建，坐北面南，位置优越，是耕织图景区的主体 建筑。"延赏"意为"坐延清赏"，即可赏之佳景皆能在室内座间欣 赏把玩的意思。乾隆专门有诗提及延赏斋建筑的命名道："处处堪 延赏，渠宁于是斋。却因虚且静，足纳景之佳。"哪里都能延赏美景，为什么偏偏这里取名叫延赏斋呢？因为这里开敞又清净，能够欣赏到最美的景致。可见对延赏斋中所见之景色的钟爱绝非平常！当年乾隆在斋中能欣赏些什么风景呢？有"湿岸生春芷，新波下野凫"的自然生机，也有"机丝却是年年有，隔户时闻轧轧声"的皇家织染局的劳作声响，正可体现其寓观农于游赏的政治意图。

因此，我遴选了几副描绘耕织景象的乾隆诗对作为延赏斋的楹联。其前抱厦联为：

> 放眼柳条丝渐软
>
> 含胎花树色将分

句出乾隆二十三年（1758 年）的御制《仲春昆明湖上》的颔联，描绘了大地春回、万物开始复苏的景象：柳条已经吐绿，枝条开始柔软，花蕾初生才欲结胎，尚包卷于新绿的树叶之间，春的色彩已经开始渐渐显现；一年之计在于春，这也是农忙即将开始的时节，故乾隆在此诗的尾联写道："陆町溪塍都润泽，行将来往课耕耘。"表示他要开始往来园中检查督导农业生产了。

延赏斋的前联为：

> 溪畔室闻鸣织杼
>
> 岸傍田见起耕锄

句出乾隆三十一年（1766 年）的《恭奉皇太后游万寿山清漪

延赏斋抱厦联

园即景得句》的颈联，诗题虽未言及耕织图或其建筑，但在清漪园中既能看见耕作景象，又能闻听织杼声响的必在耕织图无疑，故此联用在这里颇为允洽。据史书载，乾隆之母出身低微，身体康健，勤劳本性至老不改，乾隆带母数下江南，每次必陪母巡视江南三大织造的织房并长时逗留。当年，耕织图织染局的织房也应是乾隆母亲的常到之处。

延赏斋建筑的后联为：

刚欣宿雨滋塍畔
又看重云起岭边

句出乾隆十八年（1753 年）的御制《三月三日昆明湖中泛舟揽景之作》的颈联：正欣慰昨夜的春雨滋润了农田，现在又看到重重叠叠的云朵在西边的山岭兴起盘桓。美丽的景色，丰收的征兆，当年乾隆的心中，该洋溢着多么舒爽的快慰啊！

玉河斋

玉河斋，因斋前原有玉河流经而得名。所谓玉河，东起玉带桥，西至玉泉山，绵延五里，为当年清朝帝后乘舟来往静明、清漪两园必经的皇家水道，两岸则是皇家稻田厂管理的大片稻田，所产优质京西稻米专供皇家食用。玉河早已淤塞不通，现在延赏斋与玉河斋前的湖泊便是当年玉河之一段。我为玉河斋选配的前后联都出自乾隆二十九年（1764 年）的御制《高粱桥放舟至昆明湖沿途即景杂咏》。

玉河斋前联

前联是：

> 几湾过雨菰蒲重
>
> 夹岸含风禾黍香

菰、蒲，皆为水边生草本植物；禾、黍，指谷类粮食作物。全联是说雨后的河道水草茂盛，微风中的两岸弥漫着禾稻的清香，令人遐想当年的场景。玉河斋后联选的是：

　　岸旁行骑活于画

　　树里鸣蝉清胜弦

　　上联是描写视觉效果，岸边的行人和牲畜，行走在如画般的风景中，为本是静止的画面增添了鲜活的动感；下联是表达听觉感受，树上清亮的蝉鸣声胜过了乐器的弦音。一观一听，不仅皆对仗工整，而且表达了中国人对风景之美的独特理解：优美的风景不仅是可看的，而且是可听的；不仅是静态的，而且是流动的；不仅可以是超

耕织图

凡脱俗、人踪寂灭的，也可以是熙熙攘攘、有人的活动参与的。因此，在中国的传统造园理论中，园林中的可借之景，不仅是山水、林木、建筑等自然景观和人文景观，还包括村落、行人、车马等世俗生活景象。乾隆在耕织图中安排进耕夫、织工、蚕户等人的生活及劳动场景，不仅是出于实际的生产目的，更有塑造更加生动的景观，即所谓"活的画卷"的意图。乾隆曾咏赞耕织图中的劳动者道："安居老幼都无事，唤作画中人亦应"，又有"图过耕织看活画""欲看活画得真情"等诗句。的确，与自然风景和谐地融为一体的人与动物的活动，将为风景增添更加充沛的美感、韵律和生趣。今天，耕织图景区中随意徜徉的游人，不也可以视为景观的组成部分吗！

今天的颐和园耕织图景区，无论是稻田耕作的景象，还是轧轧的织机声，都已经消失在历史的深处而无从目睹耳闻了。但通过这些匾额、楹联的提示和渲染，那些寂灭已久的历史图景和声音或许会在人们的耳旁脑际悠悠苏醒过来，并重新幻化出一幅生动鲜活的耕织图景。

2005 年

《三山五园图》局部

论"三山五园"保护利用的意义与途径

　　"三山五园"是我们今天对北京西郊在清代历史上建成的五座大型皇家园林的指称,"三山五园"中的三山是指香山、玉泉山和万寿山。这三座山上分别有静宜园、静明园、清漪园(颐和园),再加上东边的畅春园和圆明园,就是所谓的五园〔另有一说:五园为圆明园五园,即圆明园、长春园、绮春园、熙春园(清华大学西部)、春熙院(北京大学北部)〕,包括周围为数众多的王公官宦园林、寺庙、兵营等,构成了一个以皇家园林为中心、服务最高统治者各种需要的多功能网络。"三山五园"的建成历经清朝的康熙、雍正、乾隆、嘉庆等朝,前后历时150多年,奠定了"三山五园"建设格局和规模,园林总面积达到了1500多公顷。但作为皇家行宫与园林风景的建设,其发轫最早可以追溯到公元11世纪(辽代时已开始经营香山,金世宗开始经营香山行宫),而颐和园的重建则是在这将近一百年后的晚清时期,因此,"三山五园"的建设前后延续的时间在800年以上,具有十分丰厚的历史文化底蕴,代表了我国古典园林建设和造园艺术的最高水平,也是清朝最高统治者的一处十分重要的政治活动中心。

《三山五园及外三营地理全图》 （中国国家图书馆藏）

虽然近代以来由于外国帝国主义的入侵，三山五园皆遭野蛮的焚烧劫掠，有的如今已经荡然无存，有的主体仍在，有的保存比较完整，被列入各级的文物保护单位，颐和园还被联合国教科文组织列入《世界遗产名录》；在整体规模与价值上也堪称是与北京旧城相辉映的传统城市规划的"双璧"。在当代大规模的城市现代化建设浪潮中，与北京旧城的保护相似，三山五园地区也面临着城市化扩张的挑战，因此，研究、认识、保护与利用好"三山五园"历史文化地区，对弘扬优秀传统文化，维护北京传统风貌与文脉，整合利用优秀文化资源，推动京西地区科学与可持续发展，具有重要的现实意义。

一、三山五园区域的特色文化资源

1. 得天独厚的自然环境与经世代开发形成的宛若江南的水乡景色

到明清时期，以昆明湖为中心海淀低地中形成宛若江南的水乡景色，除稻田外，还有池塘堤堰，溪水流泉，石梁跨溪，岸柳低回。明代文人记载道："西湖（今昆明湖）去玉泉山不里许……盖此地最洼，受诸泉之委，汇为巨浸。土名大泊湖。环湖十余里，菱茭莲菰，靡不必备，竹篱旁水，家凫睡波，宛然如江南风气。"〔（明）蒋一葵：《长安客话》〕，"人家旁山，临西湖（即昆明湖），水田棋布，家家具农器，年年农务，一如东南，而衣食朴丰，因利农也。"〔（明）刘侗：《帝京景物略》〕。六郎庄、巴沟一带水田棋布，举目远眺，远山近水相映成画，这种水乡景色与北方干旱少雨、到处风沙的景象形成鲜明对照。

2. 以皇家园林为中心的城市规划框架

皇家园林的兴起促进了海淀地区的繁荣与发展。兵营、衙署机构的建设，王公贵族私宅别墅的增加，以及为之服务的小集镇的出现，都服从于皇家园林的城市格局，不但没有破坏皇家园林的整体风貌，有的还被组进园林景观中。当时，从海淀至香山，东西长十公里的广大区域内，形成了一个以皇家、王公、贵胄的园林建筑为主，遥相眺望、连绵不断的社区，其盛况与西方稍后兴起的"田园城市"实有异曲同工之妙。

3. 河塘、农田和居住区相融合的风貌特色

皇家园林和王公宅邸的兴起，促进了京西地区经济、文化的相应发展。首先为保证园林用水，本地区的河湖水系得到了充分的开发和利用。在整理平地泉流之外，更为重要的是结合清漪园的建造，扩大瓮山泊为昆明湖，使昆明湖蓄水量成倍增长，成为名副其实的京城水库，既保证了海淀区皇家诸园享有丰沛的水源，同时也为这一地区迅速开发起来的稻田河塘提供了极为有利的条件，形成了东起海淀、西抵玉泉山、南达长春桥、北抵青龙桥的万亩稻作景观区域，使海淀成为著名的京西稻产区，提升了海淀区此后的经济发展能力，并造就了稻作景观与园林融为一体的历史文脉和优美的景观。其次为保护皇家的安全，清帝又将八旗的营房相继迁建到周围，使人口稀疏的海淀骤然增加万余户。正是在这种背景下，今中关村的核心区海淀镇迅速地成长起来。

4. 丰富的文物资源集群

三山五园历史文化区域内，堪称是除北京旧城之外文物资源最集中、品级档次最高、种类最丰富的地区。除原来的"三山五园"之外，还有不少与这些大型皇家园林比邻的王公赐园，如现在的北京大学西面的蔚秀园、承泽园、吴家花园、原畅春园南面的礼亲王园，北京大学校园西北隅的鸣鹤园、朗润园、淑春园，今清华大学校内的熙春院等，以及一些有名的私家园林，如晚清海淀镇南大街的大学士王文韶宅院、彩和坊 24 号院（李莲英为其弟建的宅院）、建于民国初年的达园等；还有不少重要的寺庙建筑，如始建于唐贞观年间的兜率寺（卧佛寺），寺中有巨大的元代铜卧佛；真觉寺的金刚宝座塔、觉生寺的永乐大钟、大慧寺的彩塑、摩诃庵的三十二体金刚经刻石都是非常著名的；很多寺庙还是封建帝王巡幸驻跸的行宫，不仅殿宇崇宏，且垒山叠石、辟治园林，将寺庙建筑与中国传统的园林艺术相结合，成为独具特色的寺庙园林，如碧云寺、万寿寺、大觉寺、紫竹院等；明清两代，宫中太监亦多在西山一带择地建庙，数量众多的太监庙宇也构成海淀区寺庙文物的一大特色，如大慧寺、摩诃庵、定慧寺、晏公祠等。还有较重要的古城遗址；古桥闸如广济桥、高梁桥、白石桥、广源闸桥等；八旗军事遗迹有团城演武厅、清代碉楼等。1995 年文物普查资料显示：海淀区共有文物古迹 700 余处，占全市总量的 9.58%，其中全国重点文物保护单位 3 处，市文物保护单位 29 处，海淀区文物保护单位 7 处，列入暂保单位 60 项，另外海淀区恩济庄列入 1995 年 5 月 18 日北京市人民政府公布的第二批地下文物埋藏区名单，颐和园至圆明园街

20 世纪六七十年代种植京西稻

区列入北京市第一批历史文化保护街区名单，形成了以世界文化遗产颐和园为代表的，涵盖不同层次的文物古迹保护体系，其进一步的保护和利用将有利于这些地区的可持续发展。

5.丰富而有特色的地方民俗文化资源

三山五园地区悠久的历史、独特的地域特征及人文资源造就了丰富的民俗文化活动，相对于那些静止、沉默的文物、建筑等，这些活动是活的历史，是京西地区历史文化资源的重要组成部分，同时仍然可以整合进当今的民俗和旅游商业活动中去。

（1）庙会：也称香会，是集民间宗教文化、民俗文化、商业文化和民间娱乐于一体的喜庆节日活动。颐和园周边地区最负盛名的庙会有大钟寺庙会；万寿寺、碧云寺、大佛寺、法海寺、广仁宫（西顶庙）等处的庙会也很著名。这类传统节日娱乐活动现在大都已经凋零，但也有以转化了的新的形式在延续着，如大钟寺的新年（元旦）撞钟活动，颐和园苏州街的春节宫市活动等，都受到了广大市民和中外游人的喜爱。

（2）灯会：在明朝的万历年间，文人官僚米万钟就将自己的勺园（今北京大学校内）的景色画在灯上展示并引起当地的轰动，人皆称之为"米家灯"；清代康熙年间，大词人纳兰性德在上庄皂甲屯于每年上元节举办灯会；清末民初，韩家川、永丰屯、屯佃、北安河等村均有灯会，直至 20 世纪的八九十年代，中关村一带的灯会活动仍然很活跃和著名。

（3）花会：颐和园周边的民间花会已经有 200 多年的历史，如六郎庄的"童子五虎棍"会成立于清乾隆十九年（1754 年），蓝靛厂的"蝴蝶少林会"成立于乾隆二十九年（1764 年），六里屯的"中幡会"成立于乾隆五十五年（1790 年），西北旺的高跷会成立于嘉庆六年（1801 年），韩家川的高跷会成立于同治八年（1869 年）。民间花会的分布面广，会档多，有 48 个村镇存在过民间花会组织，各类会档有 30 种、89 档会，尤以西北旺、苏家坨、永丰、温泉、北安河、海淀等乡会档为多。

（4）季节性游赏活动：海淀一带自古以来便以其幽美的自然风光及人文胜迹成为北京城著名的游览胜地。新中国成立以后，这一区域则相继形成了玉渊潭的樱花节、植物园的桃花节、香山的红叶节等一系列新传统季节性游赏活动，吸引了广大中外游人。

6. 传统地名资源

"三山五园"建成后对区域地名的形成和沿革产生了重大影响。康熙帝将他"避喧听政"的畅春园称为西苑，园西这个居民点便先后称为西苑、西苑街；由于皇家园林的存在，一些行政和军事机构也设在了附近，如军机处所在被称为军机处胡同，八旗驻军营房的所在地有火器营、蓝旗营；同时，一些官僚大臣为了上朝办事的方便，也在皇家园林附近购地建立起自己的宅院，因其显贵地位而成为地名，如六郎庄和巴沟村的张中堂（张之洞）胡同和荣中堂（荣禄）胡同；其他如皇亭子、买卖街等村名和街巷名称都是历史信息的记录。

虽然很多历史古迹已在城市的发展进程中消失，但作为区域历史文化的重要组成部分，传统地名是颐和园等皇家园林文化遗产所依托的历史文化环境，是区域历史文化保护传承与可识别性的重要组成部分。随着城市化进程的加快，近 20 年区境内新建成了二百多个居民小区。有些以原村名命名，有些则是另起新名，原有地名成批消失，对此现象应给予充分重视。

二、"三山五园"区域保护面临的挑战

经百年沧桑，"三山五园"地区已经发生了巨大变化。如今这里有列入世界文化遗产名录的国家级文物保护单位颐和园，有著名的国家级重点文物保护单位圆明园遗址、玉泉山、香山、卧佛寺、清华园和未名湖区，以及许多市级和区级文物保护单位。它不但是北京重要的旅游区，还是最重要的文教区，并且与中关村科技园区相交错，近年来，一些高端房地产项目也瞩目于这里优越的自然人文环境，同时，这里也成为新农村建设的舞台。由于多种城市功能集于一地，有的在目标上互相割裂与冲突，不可避免地给保护带来

诸多问题。

近年来为了迎接奥运会，北京市海淀区启动了"一山两园"（香山、颐和园和圆明园）地区改造工程，"一山两园"地区即通常所说的"三山五园"地区，这一改造工程在奥运会召开之前完成，但由于人们对该地区历史文化价值和特征了解不够，使得规划建设中存在着偏差。例如，西苑地区的规划设计未能很好地照顾到历史风貌的复原和保护，使一些重要遗迹遭到破坏，使后人无法再对历史景观进行复原和利用，如西苑校场的阅武楼。又如长春园北墙外曾是圆明园的附属园林，由于缺乏调查研究，以致在保护规划中未能体现出来。还有的地点本是重要的清代皇家园林遗址，却只当作一般的空地加以利用，地下遗址被完全忽略。在有的地点，破坏性的绿化改变了当地的景观和环境，大大降低了园林区的整体景观效益和历史厚重感。此种情况给"三山五园"历史园林遗产的保护带来十分不利的影响。

三、三山五园区域保护的意义

1. 有益于延续地区历史文脉

历史文脉是一个城市或地区在长期的历史发展中形成和积淀下来的历史文化特色，不仅是一个城市或地区与其他城市和地区相区别的标识，也往往是其可持续发展的根基所在。随着城市大规模改造所导致的"千城一面"、特色丧失以及居民生活方式和价值观念断裂而导致的精神失衡等问题的出现，世界各国都开始把保护地区历史文脉当作城市建设中一项至关重要的原则。

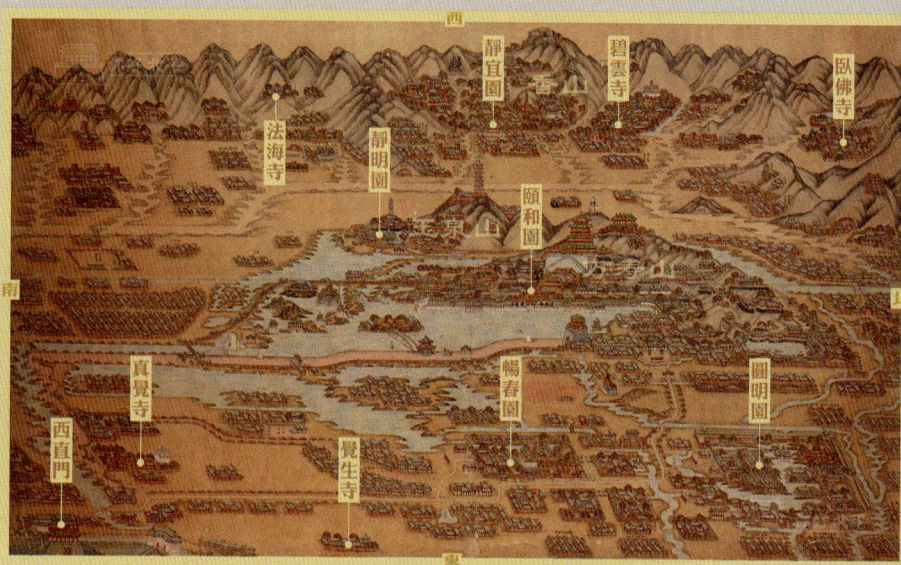

三山五园之皇家园林、寺庙分布图

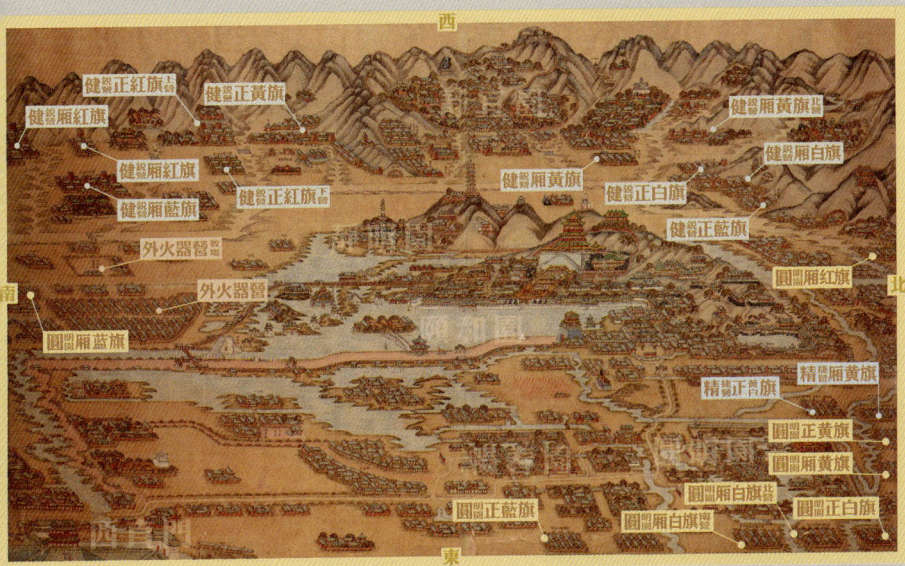

三山五园之旗营分布图

皇家园林在海淀的历史发展中具有重要地位，发挥了主导性作用，正是以皇家园林为中心，京西海淀地区形成了自己的历史轨迹、城镇肌理、建筑布局、交通网络、地名人文特色等文脉特征，保护好对海淀历史发展发挥过决定作用和具有标志意义的"三山五园"，对延续海淀镇的历史文脉，赋予该地区以历史连续性和厚重感具有重要的意义。

2. 有益于延续特色风貌景观资源

景观特色是城市个性的一个重要方面，现代城市规划理念认为，文物遗产对维护城市的景观特色具有重要作用。一座城市历史文化积淀越深厚，历史建筑遗存越丰富，其景观特色就越强烈，城市个性更显突出。三山五园这样以优美景观环境著称的皇家园林，是京西海淀地区建设中可以资借的特色风貌景观资源。

颐和园及其周边环境能为中关村科学城建设所资借的特色景观主要有以下几项内容：

（1）以昆明湖、万寿山、玉泉山、西山为主体的山水景观；

（2）丰富的皇家园林建筑景观；

（3）包括大量古树名木在内的丰富的园内植物植被景观；

（4）京西原来曾长期存在的传统稻作景观；

（5）颐和园与原圆明园、畅春园等园林之间相连的河流水系景观；

（6）与三山五园相关的周边清代公所、衙署、军事设施、皇家与官宦园林及遗址、传统民居、庙宇、御路、街巷及其他历史文化景观等。

3.有益于维护良好的生态环境，调节城市生态平衡

城市化的过度发展必然带来空气污染、水污染、噪声污染、酸雨、热岛效应以及火灾、地震、流行病等灾害隐患，造成严重的生态环境恶化和人与自然的疏离，而园林绿化正是救治城市化诸弊端的妙药良方。即以颐和园来说，其核心保护区的面积就有300多公顷，其中水体面积为近220公顷，各种树木40多万株，草坪面积25公顷，再加上周边保护控制地带范围内的绿地，绿地总面积可达上千公顷。据初步估算，它们每年可释放氧气6万吨，吸收二氧化碳8.6万吨，蒸腾水量888万吨，蒸腾吸热2174亿千焦，并可在滞尘、减菌、减噪和吸收有毒气体、净化空气等方面发挥良好效益；炎热的夏季，颐和园内的温度可比城内低2℃—3℃；据统计，颐和园内常年栖息的常见鸟类有90多种，共有89科225属319种植物。颐和园及周边地区园林环境的存在，对维护区域生物多样性和改善中关村科学园区的区域生态环境质量可发挥巨大的作用。

4.有益于推动中关村旅游产业发展，创造巨大的经济效益

仅以颐和园为例，每年国内外慕名而来的参观者在600万—700万人次之间，占整个海淀区年游客总数的40%左右（据统计，2001年海淀区游客总量为1661万人次），占全北京年游客总数的6%左右〔《海淀区旅游提升规划（2002—2007年）》，2002年7月〕，是泛京西海淀地区发展旅游业的宝贵"资产"。大批量游客的到来，必然给泛中关村地区带来可观的商机。

5.有益于保障原住居民切身利益，促进区域社会的和谐发展

三山五园的完整保护有赖于外围的人文地理风貌和居民文化生

活方式的维护。园林周边原散落着一些以传统农业为主要生活方式的村落，这些村落和农业人口的存在，既是皇家园林至关重要的自然及景观环境的有机组成部分，又是区域特色民俗文化的深厚土壤。因此，保护三山五园原住居民的居住格局与生活方式的延续性，在日益强调"以人为本"的时代，越来越显出其重要的现实意义，应该成为城市管理者和规划建设者必须予以重视的问题。城市不可避免的是一个发展和变化的过程，但变化应该自然、平和、渐进，避免疾风暴雨式的强烈变化，以延续富有特色的城市人居文化。

四、三山五园历史文化区域保护利用的途径与目标

一是切实开展和加强三山五园历史文化资源的普查登记，包括物质文化遗产和非物质文化遗产，真正摸清家底，看看有多少资源保留下来，保留状况怎样，将具有保护价值的资源列入保护和抢救目录和清单，通过政府部门的批复授权，予以分级挂牌保护。没有消失的不能再任其消失了。

二是开展三山五园历史文化的学术研究，成立相应的学术研究机构，设立研究基金，不仅在历史文化领域，包括在规划、经济、文创等领域，大力推进整体学术研究和认识水平，为三山五园的保护利用和发展提供强大的智力支持。

三是借鉴国际社会遗产保护的理念，实施历史地区整体保护的战略，通过立法手段划定以颐和园为中心的"三山五园历史保护区"，并制定出详细控制规划。

传统与现代的碰撞与交融：万寿山东南俯瞰

　　四是争取将"三山五园"历史地区整体列入《世界文化遗产名录》，或者列入已经列入世界文化遗产的"北京的皇家园林——颐和园"的扩展项目。

　　"三山五园"皇家园林区，文物遗产珍贵且密集，历史文化价值堪与北京旧城区媲美，将之列为历史地区加以保护，符合这一地区的实际价值；清代"三山五园历史文化保护区"如果能得到完整的保护，有可能整体或部分再列入《世界遗产名录》。一个整体、大型的"西郊皇家园林历史文化保护区"的科学保护和利用，对改善和提高京西地区的生态、景观、文化、商业、投资等环境，将发挥巨大和无可比拟的优势。

2004 年

"圆明园总管首领等公仝会议"碑

"圆明园总管首领等公仝会议"碑保护记

2006年6月，一则关于玉泉山侧清代石碑弃置建筑工地无人管理的新闻报道引起了颐和园文物部人员的关注。随后，在各级领导的支持和海淀区文物管理部门的配合下，一方仆倒埋没于建筑工地，具有较高文物价值的清代"圆明园总管首领等公仝会议"碑被移入颐和园内保护展示。作为该碑入园保护的亲历者和经手人，笔者将事件过程记录下来，既体现当代颐和园管理者的文物保护意识，也为后来治园史者留下一段可资参考的实录资料。

一、现碑

2006年6月6日，我一进文物部办公室，谷媛、周尚云、孙绮文三位同事兴奋地告诉我说有一件事情我肯定会特别感兴趣，然后递来一份5日的《北京青年报》。展开一看，只见在A6版的中间位置一篇名为《乾隆亲笔手书墓碑　弃埋土中无人问津》的配图报道：海淀居民苏先生报料玉泉山东侧山脚下一建筑工地有清代乾隆御碑弃置失管，有盗毁之虞；墓碑所在地是清朝级别较高的太监墓地；碑上还刻有"乾隆五年敕三山五园御前大统领"等字样。看完这则消息我也很感振奋：如果真是如此，对三山五园历史研究必有一定的参考价值呢！

第二天，我派我部周尚云同志按照报道的地点前往寻觅勘察，摸摸基本情况。小周骑自行车前往，半天后大汗淋漓地回来，说是一路打听才找到，该地属海淀四季青乡四槐居村范围，正在开发兴建高档的别墅区——御苑；石碑半掩在工地后的土堆里，因正面仆地，看不到碑文而难以确定其年代等内容，但从碑的巨大体量和精细的龙纹雕饰看，确实具有皇家特征。

我们都沉浸在对探索该石碑史料价值的兴奋和好奇中，同时也为该石碑的保护现状和前景担忧，将石碑移入颐和园保护的念头此时也在我的脑海里萌生了。

12日，我打电话到北京市文物局文保处，向接电话的黄女士简要报告了石碑被发现和报道的情况以及堪忧的保护现状，并询问移入颐和园保护的政策可行性；对方表示市文物局还未得到关于此碑情况的正式汇报，如果有将碑移入颐和园的想法，可以直接与负责区域文物保护的海淀区文物管理所商洽。

海淀区文物管理所与我园一直保持着良好工作关系。我让小周先与文管所的高所长联系，从历史渊源、保护管理能力及展示环境等方面向高所长陈述该碑由颐和园保管的优势，并表示该碑起运、运输和保护的费用由我园承担。高所长表示愿意支持我们的想法，但须在报经海淀区文化委员会领导同意后方可确定。

12日下午，我和小周正在圆明园交流工作，高所长来电同意石碑由颐和园暂为保管。我立即向主管园长祝玮、园长阚跃进行了汇报，得到两位领导的充分肯定和支持；两位领导当即带我们驱车到现场对该碑进行了实地勘察，对起运路线、运输方式等一系列后续工作进行了部署和指示；在实地踏勘过程中，还发现旁侧不远处土中还埋有一方较小的石碑，阚园长指示联系区文管所一并收入园内。

二、运碑

考虑到石碑暴露在外，渐为人知，为保护石碑安全，避免夜长梦多，13 日，我再与海淀区文管所联系，提出石碑尽快移入颐和园；适逢高所长在外开会，值班的小何同志经与其上级联系后同意第二天运碑。当天下午，我与小周带搬运公司的负责人再次考察现场及搬运路线，并要求搬运公司做好各种物资准备，又通过园保卫部联系海淀交通队办理搬运车辆通行证。

6 月 15 日清晨 8 点余，搬运公司组织 1 辆吊车、2 辆货车至现场，在我与小何同志、建筑工地管理者三方代表共同认定搬运对象后，搬运工作正式开始。先起运小碑，后起运大碑。小碑完全出土略加擦拭后能够清楚看清碑文，为"皇清封诰奉政大夫圆明园三山等园内廷事务总管讳进喜梁公之墓"等字样；大碑因碑文较多而字体浅小，不得看清，但能看出"雍正十年"等字样，看来该碑的年代比报纸报道的乾隆朝还要早些。

按照事先制定的计划，两碑运至耕织图后院卸下，阚跃园长、祝玮副园长皆亲到现场。以清水轻轻冲洗碑面后，得以看清大碑碑文的概况，为"圆明园总管首领等公全会议"的记事碑，但碑文刻

石碑搬运现场照片　（右起：秦雷、小何、施工方负责人）

写较为浅细，有一定程度的风化，一时难以辨识，阚园长要求我们对碑文进行拓印，以为下一步确定放置地点和宣传口径提供依据。至此，两碑入园工作顺利完成。

三、读碑

按照领导要求，16 日早上 6 点，文物部毛金陵同志到现场对碑文文字较为漫漶的大碑进行捶拓，我和周尚云同志对两碑进行测量和碑文抄录之后，根据抄录核对校读碑文。

1. 梁进喜墓碑

该墓碑高 192.5、宽 60、厚 19.5 厘米，碑首为龙纹，碑身边缘环刻莲花，青石质，无碑座；碑文竖写三排，中间为梁进喜名讳及职衔；两侧刻生卒年，生年为乾隆甲辰年（乾隆四十九年，1784 年）八月初三，奇怪的是卒年却未刻上，"咸丰"与"年"之间的留隙未加刻写。该碑的材质、书法、雕刻均较粗。据此可知当年管理三山五园的高级太监中曾有一位任内廷事务总管的叫梁进喜，大约死于咸丰时期，可能因变故或晚景凄凉而殓事草率，这使我联想起了咸丰十年（1860 年）那场英法联军火烧"三山五园"的大劫难。当然，确凿情况还要结合其他史料作进一步研究。

2. 雍正十年"圆明园总管首领等公仝会议"碑

该碑通高 402.5 厘米，形体高大，雕刻精细，纹饰古朴，由碑身与碑座两部分组成，青白石质。其中，碑首、碑身由一块整石雕刻而成，高 316.5、宽 102.5、厚 38 厘米；碑首雕刻四条龙，凶猛盘曲，碑额刻"万古长春"四字篆书；碑身正背两面皆雕刻有 10

条穿云赶珠的游龙组成的边饰，碑身正面为碑文，背面无字。碑座高86、宽136、厚74.5厘米，纹饰较为独特，正背两面和两个侧面共雕刻有六条鳌龙，鳌龙前身为龙形，两只龙爪粗壮有力，上唇长如象鼻，后身为鳌鱼之鳍，肥厚飘动，气势威猛，凌空飞动于云海之间。碑座正背面为双龙，左右侧面为单龙，背面龙纹有部分伤损痕迹较新，可能是在工地施工期间造成。碑身正面共刻有碑文459字，字体秀丽工整，因字口刻写较为浅细，长埋土中，受水土沁蚀，有一定程度的风化，个别字漫漶模糊较重，难以辨识，一字因碑面裂纹缺失，但总体尚清晰可读，内容记载的是雍正十年（1732年）七月的60名圆明园太监共同会议决定购买玉泉山东侧土地设置五圣庵家庙、茔地等内容的记录。

我对碑文进行辨识标点如下：

皇都西向，放旷坦夷，恢廓不蔽。面东而西而北，环列皆山水，秀丽惟西向玉泉山为尤胜。山之胜，处西且东南向有寺，曰观音庵。

国朝雍正十年，公仝会议，和心立志，始制西南向五圣庵家庙，共房九间，用银贰百柒拾两；茔地壹块，四直分明：南至官道，西至官地，北至官地，东至王家地，共计贰拾四亩玖分贰厘，价银贰百四十九两贰钱；周围石墙壹百捌拾壹丈，用银玖百伍两；自置阳宅房拾九间，用银柒百陆拾两；阴宅房九间，用银叁百陆拾两；香火地叁拾亩，价银贰百肆拾两；柏树贰百陆拾伍棵，杨树玖拾陆棵，果松拾棵，槐树拾贰棵。公择

碑文拓片

碑座上雕刻生动的鳌龙纹饰

其地，泉山之左，地脉直接，泉水互相联络，周环山势，木盛而阴浓，泉深而壤厚，实天然之福地也。咸为寿藏，以修其归山之下，踪迹相望，心愿相和，永远之基业也！

圆明园总管首领等公仝会议

张承恩　张兴邦　张凤　孙朝贵　蔺起贵　王进朝　张玉柱　王国柱　李裕　邢奉德　王成瑞　张进功　王进玉　李进朝　张义　宋进兴　齐成　柴玉　胡国泰　纪文　彭得法　王太平　徐文耀　蒋成　李德　庞贵　杨进孝　徐文升　郭□□　张□　张文烁　王国泰　刘永祥　孙奇　于起凤　郝□敏　陈九卿　王辅志　吴进喜　杨林　杜志英　曹国荣　彭开昌　王辅明　张成　杨忠　史进朝　冯玉　王守□　陈玉　高进忠　刘贵　赵得□　徐守立　王自立　杨忠　王进保　魏进保　郭兴玉　宋□京

雍正十年七月吉旦日勒碑刻铭

"仝"同"同"，公仝，即公开、共同之意。碑文内容具有较高的历史文献价值，不暇深考，已有如下感受：

（1）反映了清代中前期玉泉山东侧非常详细的历史地理信息和经济史信息：可以明确雍正十年以前该地东南有观音庵寺庙的建置；五圣庵太监家庙、茔地、阴阳宅房、香火地以及围墙的面积、长度、四至边界范围和地价银两数目，并其范围内柏树、杨树、果松、槐树等各类树木的数量。据此可以明确，该地从雍正十年开始，直至至少是咸丰年间，都一直是管理圆明园等三山五园的高级别太监的家庙和茔地；碑文内容清晰勾画出了这一带区域的区位分布图，并提供了一份极其准确详明的雍正十年玉泉山侧的房地产价目单，是研究清代中前期"三山五园"地区历史地理和区域经济史的宝贵资料。

（2）反映了清代雍正朝前后管理圆明园等皇家园林的太监们生活方式的社会史信息。传统社会的太监们由于一般没有后代，并一定程度上断绝了与原家庭的紧密联系，其晚年的赡养和归宿遂成为太监们十分关心的问题。太监们自行购买庙产或捐资寺庙，以度晚年和作为葬身之所是一个长期普遍的现象。明清以来，西山一带的很多寺庙即有这种功能，数十名高级太监联合买地建庙，并通过共同会议的形式刻碑记铭，这说明圆明园的总管首领太监们为了解决自己的养老和归宿问题，自发形成了一定的组织能力，从而具有了一种自我帮扶和互助社团的色彩；同时，这通石碑还记载了参加这次会议的 60 名圆明园总管首领太监的名单，亦属有价值的历史资料。

两碑可以证明，玉泉山东侧五圣庵太监家庙是清朝三山五园高级太监的养老院和集体墓地，于雍正十年由圆明园的 60 名总管首领太监以共同会议的形式购置，该太监家庙的使用功能至少延续到咸丰年间。这两通石碑的价值还在于，当前关于三山五园的学术研究和社会关注一直还是集中在帝后为主的宫廷人物、制度、事件、建筑、文物等领域，对太监等这一服务"三山五园"的下层群体的研究和关注基本空白。这两通石碑的发现和保护，应该引起学术界对太监这一皇家园林中的特殊阶层的生存、命运及相关制度的关注和研究。

雕刻精美的碑首

四、立碑

两碑入园后，择地立碑是一个重要步骤。18 日，我撰写了《关于两通清代石碑入园择地安放的报告》上报园领导和北京市公园管理中心，对两碑入园保护的起因、经过、价值进行详细的汇报，并对竖立陈放地点提出建议。我建议将两碑陈放于耕织图景区西部蚕神庙后的绿地内，主要理由是：

耕织图与两碑原在地的玉泉山东侧相距不超过 2 公里，是颐和园内在地脉上最为接近和连通原地的区域，也正是碑文中所说的"面东而西而北，环列皆山水"的风光秀丽之地。由于房地产开发，两碑已经不可能原地保存，移到在距离上与其最近，并是这些太监们曾长期服务的原皇家园林内保存，不仅碑上列名太监们如地下有知会感到荣幸和慰藉，游人在参观时也不失历史场所感，并可对该区域的历史变迁过程获得更加丰富的了解；耕织图在颐和园内较为远僻，多为复建建筑和绿化区域，文物相对稀疏，石碑于此陈放不会干扰颐和园原有文物格局的整体和谐性，而会增加这一区域的历史厚重感和游览观赏点；蚕神庙后的绿地开敞通透、绿草如茵、乔木如盖，观赏环境和色彩协调性好，还可使石碑少受阳光、雨水、风化、冷热急剧变化等的影响，有利于保护石碑文物本体；另外，该区域绿地较为开阔，也能够满足将来更多数量类似流散石刻文物入园陈放的场地要求。

各级领导同意这个建议，但想得更为细致周到：祝玮副园长提出由于梁进喜墓碑的价值不是太大，且是墓碑，考虑到耕织图和颐和园的整体文化氛围和游人接受心理，可暂不予竖立，择地保管；阚跃园长带队踏勘地点，指出要注意规避该碑与当地原有乾隆御题耕织图石碑的矛盾，可以适当拉开一些距离；北京市公园管理中心综合处高大伟处长在报告中给予重要批示，公园管理中心刘英副主任亲到现场视察。随后，我们对立碑地点进行了精细定位测量，并在园设计室的协助下进行了传统形式和做法的施工设计。

2006 年 9 月 18 日，施工单位在我们的监督下进行立碑施工。缓缓地，平稳地，这通高达 4 米多的雍正十年"圆明园总管首领等公仝会议"碑最终安全地在颐和园耕织图景区安家落户了。两碑入园保护体现了颐和园作为昔日"三山五园"中保存最为完整的一座皇家园林以及唯一的世界文化遗产的责任感、使命感和担当精神，也为颐和园内增添了一个反映三山五园历史变迁的有力物证。

2008 年

阿姆斯特丹街景

慈禧油画像修复项目考察记

　　荷兰时间 2006 年 8 月 15 日下午 3 时许，经过 10 个小时的长途飞行，北京市公园管理中心综合处副处长袁朋、颐和园副园长祝玮和时任颐和园文物部主任的笔者一行三人抵达了荷兰首都阿姆斯特丹，此行是应荷兰林堡省文物修复研究院的邀请和北京市公园管理中心、颐和园管理处的委派，参加在阿姆斯特丹马斯特里切特夏季大学举办的"17 世纪的帆布油画技术"培训课程，主要目的是就荷兰方面提出资助修复颐和园藏慈禧油画像项目进行考察。到机场来接我们的是荷兰 B-CAT 文物保护技术公司亚洲区总裁罗布先生，考察该公司的文物保护设施也是我们此行的一个附带目的。

　　看来大城市的交通拥堵是一个世界性的难题，预计半个小时的路程我们用了近一个半小时，才终于到达了目的地——位于市中心运河河畔的马斯特里切特夏季大学。一路上给我们印象最深的就是独具特色的荷兰式建筑。这些建筑都很古老，至少有几百年的历史，并不很高，大都为五至六层，但面阔都很小，一般为 3—5 间，加上很独特的攒尖式顶部墙头，对比着下面狭窄的沿河街道，显得建筑在整体上都很高耸。随同的翻译邱晓慧小姐向初来乍到的我们提

考察组参加阿姆斯特丹马斯特里切特夏季大学"17世纪的帆布油画技术"培训课程

问了一个地方性知识：为什么每幢楼房的顶层立面墙上都有一个铁制滑轮？是做什么用的？还真让我们费了一番猜测。最后，邱小姐告诉我们，荷兰是世界上人口最稠密的国家，因此如何最大限度地有效使用土地是荷兰的历史性挑战，正是在这样的压力下，荷兰人形成了自己独特的建筑风格，在当时的技术条件下把建筑尽量建高；为了扩大居室的使用面积，门道、楼梯等空间被压缩到最小，基本只能容人通过，以至于家具等大件物品只能靠固定在墙面顶部的滑轮吊起来，通过窗户运至室内。我们听了不禁莞尔，这是荷兰人智慧的体现。我们进行培训的地点马斯特里切特夏季大学就是运河边的一座著名的古老建筑，在历史上曾经长期是阿姆斯特丹市政厅，与一般的荷兰古建筑相比要显得宽敞。

当我们在办理入学手续时，一位年过半百、举止优雅的女士过来向我们热情地欢迎致意，她就是我们此行接洽的关键人物——荷兰林堡省文物修复研究院院长安娜·梵·格列芬斯坦教授。多年来，她一直是荷兰油画修复工作的领导者，也是荷兰准备赞助修复慈禧油画像工作的负责人。2005 年 6 月，正是她在访问颐和园时向我们提出由荷兰籍画家胡博·华士创作于 1905 年的慈禧太后油画像非常脆弱易碎，而且历史和艺术价值很高，并对它的长期保存表示担忧。2005 年 9 月，荷兰文化部部长美迪·梵·德兰会见中国文化部副部长时，提出由荷兰组成一个专家组来修复这幅油画；2006年初，荷兰方面确定了方案，该项目将完全由荷方赞助，赞助方有荷兰外交部、荷兰教育文化科技部、林堡省文化部门等，所有的设备和技术基础设施也将由林堡省文物修复研究院提供。正是为了考察荷兰方面的油画修复技术和详细的项目内容，我们一行三人才受命有了这次荷兰之行。

第二天上午是以"17 世纪的帆布油画技术"为主题的培训课程的开学仪式，包括我们三人在内参加培训的二十多名学员分别来自欧洲、亚洲、美洲等近十个国家，有画家、艺术品收藏家、艺术商人、艺术品评论家等。由于我们肩负着特殊使命，开学仪式后，安娜院长特别将我们引入一间宽大的会议厅，亲自通过幻灯演示向我方三人详细介绍了荷兰方面油画修复技术、方法和计划，并与我们就慈禧油画像修复的诸多技术原则进行了交流和探讨。

安娜说明，按照专业的观点，慈禧油画像如果不及时修复，裂痕会进一步扩大，因此修复是必要的；荷兰方面有足够的技术和力量完成慈禧油画像的修复工作；荷兰专家将带专用设备来中国进行

考察组与荷方在林堡省政府内荷兰威廉明娜女王像（胡博·华士绘）前合影
（左起：邱晓慧、秦雷、鲁克、祝玮、安娜、沃夫斯、耀斯、袁朋）

修复工作，完成修复后设备留在中国；如项目能够进行，荷兰电视台计划拍摄一部慈禧画像和颐和园的影片，在两国播放；同时希望中国油画修复同行也能够了解荷兰的油画修复技术，可以培养年轻的专业学生。

就修复原则和进一步的考察内容，我们提出：修复要尽量使用原材料、原工艺；修复应具有可逆性；并希望更多地看到荷兰的修复技术，比较荷兰同其他国家油画修复技术的优势，以及荷方更加细致和完整的画像修复方案。对我们的要求，安娜表示完全认同。

按照荷方的既定安排，荷兰时间 8 月 17 日上午，我们一行将乘坐贯通欧洲的高速列车前往荷兰的林堡省，那里是胡博·华士的故乡和安娜领导的文物修复研究院的所在地。或许是艺术家的习惯，也或许就是荷兰人的方式，对我们的接待，安娜表现得非常质朴和随意，从大学出发到高速车站，没有车辆接送，安娜带领我们穿街过市，徒步行走了40多分钟。但对我们来说，这倒是一个极好的欣赏阿姆斯特丹街景风情的机会，从运河沿岸富有特色的普通民宅，到市中心广场雄伟的市政建筑，大都是几百年前的古建筑，现代建筑几乎很少见到，不由得让我们深深惊讶和羡慕阿姆斯特丹城市历史风貌保护得完好。

在列车上，我们见到了安娜约好同往林堡省的荷兰库勒姆勒博物馆文物保护部主任、资深的绘画修复专家鲁克女士，她也是计划中的慈禧油画像修复的重要参与者。我们对修复慈禧画像一事进行了更加细致的意见交换。两人介绍，胡博·华士年轻时就定居美国，到过印度、中国、朝鲜等地，主画肖像，曾经为不少欧洲权贵与亚洲君主画像，虽然比不上凡·高，但技巧是很高的；去年安娜来颐和园看慈禧画像时，没能看到画像的内部和背面，她们需要获得细致的分析和更多的信息，包括颜色和材料的成分，因此计划在获得同意的前提下对画像进行细致检测和取样，以便提出细致的修复方案。

会谈的间隙，我们也不断地透过玻璃车窗瞭望沿途的荷兰乡村景观，除了干净湿润的空气、海蓝色的天空、舒卷变幻的深浅云团和大线条微微起伏的地平线令人分明感到这是一片异国他乡外，我还注意到，每个路过的村镇都很古朴，现代建筑很少，村镇中最高的建筑物无例外的是塔尖高高的古老教堂。我们一方面感叹，这种如画的田园景色或许就是历史悠久的荷兰油画产生和延续不衰的肥沃土壤吧！另一方面，我们更加感慨，人多地少的荷兰在现代生活中将城市和乡村的历史风貌保存得如此完整，这是一种更高的智慧。荷兰成功解决了人民居住问题的经验，的确引来了世界各地的规划师和建筑师们络绎前来取经。我们觉得北京和中国的城市规划者们应该好好来荷兰看看。

经过两个多小时的行程，我们于午前到达了林堡省文物修复研究院，我方人员会见了包括首席修复师耀斯（Jos）在内的文物修复专家，参观了其先进的修复设备、工作室，观看了其油画修复现场、档案记录、参考资料等，感到其修复工作是科学、严谨和专业的。

中午，我们在安娜的丈夫担任馆长的林堡省博物馆进了午餐。约下午 2 点，我们步行前往不远处的林堡省政府，会见该省文化科技教育部部长沃夫斯（Wolfs）女士。会见被特意安排在省政府二层走廊内悬挂的胡博·华士于 1891 年所绘荷兰威廉明娜女王（现荷兰女王的祖母）11 岁油画像下进行。部长表示，胡博·华士是该省出生的一位重要画家，留下了 30 多幅肖像画，在得知胡博·华士曾经为中国清朝的慈禧太后画过肖像后，林堡省各界都感到非常惊喜和荣幸，同时也感到对这幅油画进行保护和修复的必要性。沃夫斯部长表示，荷兰林堡省对慈禧油画像修复项目非常重视，去年她在来中国时曾经与中国文化部官员谈到此事，该省的 30 多位重要人物也都了解和支持此事，并筹集了一笔对他们来说也是很大数额的费用准备用于此画的修复。

正式的会谈在一间透过窗户可以看到外面优美风光的会客室内举行，沃夫斯部长特意指出，这间会客室是新装修后第一次使用，室内的绘画作品具有中国风格，这一安排显示了林堡省对中国一行

胡博·华士绘威廉明娜女王像（1891 年）

胡博·华士自画像

的重视。祝玮副园长代表我方表示，我们受命来荷兰考察油画修复技术，在安娜院长的陪同下，通过认真细致的考察，确信荷兰方面有能力使慈禧油画像得到很好的修复，并感谢林堡省能够资助慈禧画像的修复，这件事将成为中荷文化交流史上有纪念意义的一件大事。沃夫斯部长表示，上次到颐和园时，看到颐和园的风光非常美丽，游人众多，这么多中国人对文物古迹感兴趣应该让欧洲人知道，同时也希望将文化和旅游结合起来；此项目在荷兰有很大影响，不少公司也有兴趣捐助资金，因此，该项目对中荷两国的经济、文化交流具有相当影响，相信此项目会获得成功，当项目完成时，她将到北京出席完成仪式。最后，祝玮副园长代表中方向部长及安娜等人赠送了远道带来的颐和园特色纪念品。

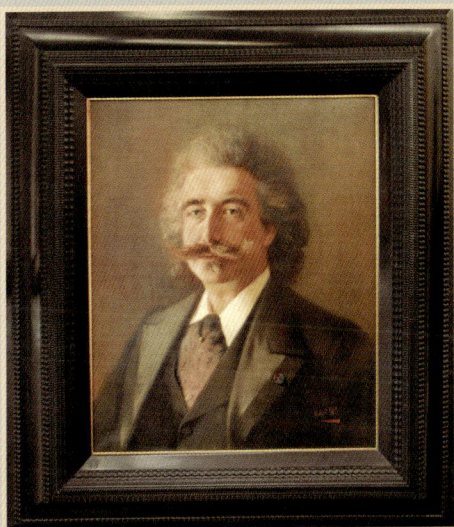

胡博·华士绘音乐家肖像

胡博·华士绘风景画

与林堡省官员会见结束后，我们又回到林堡省博物馆，穿过层层的藏品库房防护门，安娜的丈夫特意为我们展示了他的博物馆中收藏的胡博·华士的两幅油画作品，一幅为1895年绘制的当地著名音乐家的肖像，一幅为其1875年绘小幅风景画，通过这几幅绘画可以判断，胡博·华士的油画尤其是肖像画的水平是很高超的。

随后，我们参观了该博物馆内的油画修复工作室。正在工作的两名修复人员一名来自英国，一名来自日本，都是在安娜领导的研究院进修的学员，通过半年的培训，已经开始独立的修复工作。她们向我方一行介绍了对几幅17世纪前后的大型油画进行清洁和修复的材料、方法和效果，可以看出，这种修复技术在荷兰方面已经是一种成熟而稳定的技术，被大量应用到古老的油画文物修复和保护实践中，成为一种油画文物保护的例行工作；同时，该油画修复室是开放式的，参观者可以通过透明的玻璃窗观看他们的修复全过程，这对公众也是一种科普宣传和教育。

荷兰时间8月19日，在安娜的安排下，马斯特里切特夏季大学校长亲自为我们三人讲授了绘制油画的基本技法。最后，安娜为我们三人颁发了"17世纪的帆布油画技术"培训班的结业证书。这一场面特意被荷兰电视制片人进行了现场拍摄，目的是作为慈禧画像修复电视片的一个环节。应荷兰B-CAT文物保护技术公司的邀请，我们还考察了该公司先进的低氧充氮文物保藏技术。

荷兰时间8月22日，我方一行三人圆满地结束了荷兰油画修复技术考察和培训日程回国，安娜院长专程到机场送行，并代表荷方再次表达对推进慈禧画像修复一事的迫切心情。祝玮副园长表示，我们对该项目的前景抱乐观态度，但仍必须按照中国的法律和行政程序进行，我们将以最快的速度报批该项目，一有消息将随时通知荷方。

通过几天的现场考察和观摩，我们对荷兰要求修复慈禧画像一事总体上有这样的认识：

第一，荷兰有着悠久的油画艺术传统，在西方油画史上占有重要地位，历史上产生过不少伟大的油画画家和油画作品，如伦勃朗、凡·高等。荷兰也是世界上博物馆最集中的国家，面积不大的国土上集中上千家博物馆，其中油画是博物馆中的重要收藏。林堡省文物修复研究院代表了荷兰的油画修复水平，它和阿姆斯特丹马斯特里切特夏季大学联合开办的油画技术短期培训班已经举办了 10 年，培训了来自世界各地的 160 多名艺术系学生、艺术史学家、美术教师、博物馆馆长及文物保护专家；同时，每年都有来自世界各地的文物保护工作者到林堡省文物修复研究院进行为期三年的文物修复培训。这种传统和现实为荷兰油画修复技术的产生和发展提供了得天独厚的条件。通过了解和观摩，我们感到荷兰目前的油画修复技术是成熟的。安娜等人作为荷兰油画文物修复的领导人多年来主持过很多重大的油画修复项目，如海牙皇宫大厅的大型油画修复等。据我们观察，荷兰专家修复的很多都是 17—19 世纪的油画作品，并且很多是巨幅鸿篇，损坏程度也常常比创作于 20 世纪初的慈禧画像为重。因此由荷兰专家修复慈禧油画像，我们认为在技术上应是可靠的。

第二，荷兰方面有着强烈的修复慈禧画像的愿望，浅层次动因

参观林堡省博物馆的油画修复工作室

是胡博·华士是原籍荷兰林堡省的一位重要画家，荷兰人对这幅慈禧油画像的保护倾注了自己的民族感情；深层次动因则是荷兰方面想以此项目为开端和契机打开和扩大对华文化、经济交往，包括通过慈禧画像修复培养中国修复人才，通过在游人众多的颐和园内进行展示，以及国家电视台拍摄和播放修复画像专题片等举措，显示出荷兰方面项目规划的起点是慈禧画像修复，其真正的着眼点则是更深的两个国家间的文化、经济交流。

　　第三，该项目的实施有利于颐和园藏慈禧油画像的修复和保护。该件文物长期以来确实存在着褶皱、变黄、颜料脱落的情况，但由于油画文物修复方面的技术和人才在国内尚属空白，因此其保护性修复问题难以短时间内由国内解决。这次荷兰方面提出派其国家顶级的油画修复专家携专门设备来中国修复该画，对该画的修复和保护应是一个很好的历史机遇。

第四，该项目的实施将对颐和园产生巨大的社会效益。该项目近期内已经成为荷兰对华关系的一个重要突破口，并成为两国文化交流进一步加强的桥梁和纽带，两国的高层、文化界以至民间可能都会予此以很大关注。颐和园通过该项目不仅可以获得修复资金的投入、人才培养，更可获得广泛的社会关注和价值显现，并可能带来良性的连锁反应。

通过这次考察，荷兰赞助修复颐和园藏慈禧油画像的工作步入了快车道。从颐和园藏慈禧油画像这件珍贵文物的抢救性保护的角度来看，一个重要的历史时刻即将到来。

2010 年

大清國慈禧皇太后

慈禧油画像 （颐和园藏）

慈禧油画像修复记

如果放下褒贬不论，恐怕没有人否认曾统治大清朝近半个世纪的慈禧太后是影响中国历史的一个重要人物，因此，一幅西方画家为晚年慈禧绘制的巨幅油画肖像的文物价值和保护意义自不待言。2005 年至 2008 年，经过长达四年的努力，北京颐和园与荷兰相关政府部门及专家合作，对破损严重的颐和园藏荷兰籍画家胡博·华士 1905 年绘慈禧油画像开展了修复，修复效果获得了业内的高度评价和社会各界的广泛关注，成为国内油画文物修复国际合作的成功范例，不仅使这幅历经百年的珍贵文物得到了高水平的修复保护，同时也成为中荷两国之间开展和扩大新的文化交流的桥梁和纽带。

一、颐和园藏慈禧油画像概况

1. 画像及作者

画像画面通高 232 厘米，宽 142 厘米，装在一架雕刻精美的硬木镜框内。画中的慈禧端坐宝座，着黄色寿字袍服，手持牡丹花团扇，戴金护指套，身后为绘画竹林的垂帘，侧后左右对称设有鸾翎宫扇、方几和水果托盘。由于慈禧太后要求面部不能出现阴影和皱纹，因此画像中的慈禧比实际要远为年轻。在画面的左下角，有竖写的"华士·胡博恭绘"中文及横写的"Hubert Vos"外文签名。画像中大量的中式场景和中式元素反映了近代中西肖像油画创作观念的交流融合。

作者 Hubert Vos（胡博·华士）（1855—1935 年），出生于荷兰东南部林堡省首府马斯特里切特（Maastricht），后加入美国籍，曾经为荷兰女王、俄国驻英大使、朝鲜国王以及晚清中国的奕劻、李鸿章、袁世凯等各国权要画像，是当时功力深厚的肖像画家。1905 年 6 月，华士受清廷外务部邀请来华，为慈禧太后绘制了这幅画像。

2. 画像的保护及损伤

该画像一直收藏于颐和园，1933 年，该画像作为颐和园的文物精品参加了文物南迁，1950 年北返后仍分配给颐和园，当时已出现较为严重的损坏，主要表现为受潮和褶皱，并且右下部分出现破洞。针对这种情况，1951 年，颐和园曾经请琉璃厂书画裱装师王殿俊、王庆仁父子采取中国传统的书画装裱方法，对破洞进行了修补，并在画布的背面托裱了一层高丽纸以起平整加固作用。在当时的历史情况下，这次修复对画像的保存起到了一定的积极效果。但从长期看，采用中国传统书画修复方法修复油画毕竟是一种技术匮乏条件下的无奈之举，物理结构不同的画布与纸张在同样温湿度条件下的含水量、涨缩度和张力等都不同，二者在长期的温湿度变化中会发生"较劲儿"情况，不利于画像的保存。1995 年颐和园文物部曾经对该画像的残损情况进行检测认定："最严重的残损在画幅的右下边，约长117、宽29 厘米范围内的油画颜料有脱落，

修复前的慈禧油画像在德和园中

还有褶皱纹。整幅画受潮泛黄，画布受潮泛黄，画布松弛，除面部外，衣服和背景多处有褶皱纹，且画料已无，露出画布。"2005年，颐和园文物部人员再次对该画的残损情况进行检测，基本情况是：其他情况基本没有大的变化，但最严重的右下角颜料的脱落范围基本为145厘米×29厘米，其中长56、宽11厘米范围内的颜料基本脱落净尽。由于国内油画文物修复技术和人才匮乏，颐和园对其一直采取谨慎的保护措施，并于1979年邀请徐悲鸿先生的学生、著名油画家戴泽先生对画像进行了临摹。

3.荷、美等国曾提议修复

慈禧画像二十年前便曾引起过国际文物保护界的关注。1988年，华士的故乡荷兰林堡省得知这幅画像的踪迹和状况后，曾经通过荷兰驻华使馆向颐和园提出修复画像的请求；1989年，林堡省省长来颐和园参观了画像，正式提出修画的要求，北京市文物局遂委托颐和园邀请了许幸之、戴泽、艾中信、潘世勋、廖静文、蒋采萍、杨伯达等专家来园论证此事，多数专家认同被称为油画北派故乡的荷兰的修复水平，认为慈禧画像也应该进行修复，但该事没有进一步深入进行下去。1994年5月，定居美国的胡博·华士的孙子通过美国的"盖蒂保护所"与"盖蒂博物馆"向北京市政府提出承担该画的修复工作，表示愿意承担全部运输美国的来回费用和修复费用。更多地考虑到出国修复的文物安全问题，1995年6月，经北京市文物局调研后以"该画像的历史价值高于艺术价值……如需修复，应在中国境内进行"的主要意见向市政府进行了报告。此事最终作罢。

二、荷兰提出资助修复项目和回应

1.荷兰相关政府部门和企业确立资助修复项目

　　时隔十六年后，荷兰方面再次向中方提出修复慈禧画像的请求。2005 年 6 月，荷兰林堡省文物保护研究院院长安娜·梵·格列芬斯坦（Anne van Grevenstein）教授访问颐和园，重提胡博·华士绘慈禧太后油画像的历史和艺术价值很高，保护问题非常迫切。2005 年 9 月，荷兰文化部部长美迪·梵·德兰会见中国文化部副部长时，提出由荷兰组成一个专家组来北京修复这幅油画。2005 年 11 月至 2006 年初，荷兰方面确定了资助方案，项目完全由荷方资助，所有的设备将由林堡省文物保护研究所提供，赞助方有荷兰外交部、荷兰教育文化科技部、林堡省文化部门，以及两个荷兰公司：ABP 和 DSM 公司。

2. 中方积极回应

　　受荷兰林堡省文物修复研究院邀请，2006 年 8 月 15 日至 22 日，北京市公园管理中心综合处副处长袁朋、颐和园副园长祝玮、颐和园文物管理部主任秦雷三名业务管理干部前往荷兰，主要就慈禧油画像修复一事进行考察。三人参加了阿姆斯特丹马斯特里切特夏季大学举办的"17 世纪的帆布油画技术"培训课程；会见了林堡省文物修复研究院院长安娜教授，就胡博·华士绘慈禧像的修复方法、步骤及重要的理念和技术问题进行了深入交流，参观了位于马斯特里切特的林堡省文物修复研究院，观摩了其设备先进完备的实验室、修复室以及修复师现场古代油画修复过程；会见了林堡省政府

油画修复中 （左起：耀斯、安娜、秦雷、祝玮、阚跃）

文化部部长沃夫斯（Wolfs）女士，了解了林堡省政府对资助修复慈禧画像的高度重视。

　　回国后，考察组向颐和园管理处和北京市公园管理中心提交了详细的考察报告。报告提出该件文物因其历史、艺术价值及保护状况曾经受到国际文物保护界的关注并提出修复要求，但出于安全考虑都没有批准。该件文物长期以来确实存在着褶皱、变黄、颜料脱落的情况，但由于油画文物修复方面的技术和人才在国内尚属空白，因此该油画像的保护性修复问题难以短时间内由国内解决。这次荷兰方面提出派其国家顶级的油画修复专家携专门设备来中国修复该画，对该画的修复和保护应是一个很好的历史机遇。

9月8日，北京市公园管理中心主任郑秉军、副主任刘英专程听取赴荷兰考察组的汇报，基本同意考察组的意见。郑主任特别指出，该项目涉及外交、文物、文化艺术专业交流三个方面，相关的手续和程序不能出任何纰漏，尤其是涉及文物修复报批方面的程序。

3. 论证报批过程

2006年10月13日，颐和园管理处向北京市文物局提交了《关于荷兰方面资助修复胡博·华士绘慈禧油画像的请示》。按照北京市文物局相关申报规定，申报工作应分为两个主要步骤：先做文物取样分析报告，批准后根据取样分析的结果制定修复报告，两个步骤的方案都须经过专家会的论证。12月20日，颐和园管理处组织召集了著名油画家、中央美院戴泽教授和潘世勋教授、原颐和园总工程师耿刘同研究员等召开专家论证会，与会专家认同慈禧画像修复的必要性并高度评价了荷兰专家的方案和水平。2007年1月5日，颐和园管理处向北京市文物局整理提交了《关于颐和园藏慈禧油画像修复取样分析的请示》。由于涉及文物修复的国际合作，北京市文物局按规定将请示上报至国家文物局审批。

2007年5月24日，国家文物局印发文物博函〔2007〕614号批文："一、同意颐和园管理处与荷兰林堡省文物保护研究所合作开展为修复油画像的取样分析工作。由颐和园管理处与荷兰林堡省文物保护研究所按照协议书内容开展工作。二、合作应遵循'以我为主，为我所用'的原则，分析数据和研究成果如发表，应由中荷双方共同署名，中方有优先发表权。三、油画取样工作应避免在油画本体部位实施，……确保文物安全。"6月12日，北京市文物局京文物〔2007〕744号批文以同样的内容下发至颐和园管理处，标志着慈禧油画像取样分析方案通过了行政审批，可以进入实质工作程序了。

颐和园管理处为了即将到来的画像修复工作进行了充分的准备，成立了以主管文物的副园长祝玮为首的修复工作领导小组，由园文物管理部主任秦雷负责具体修复组织管理工作；并委派周尚云、张颖、张婉、刘博明、隗丽佳等几位年轻的专业文物工作人员作为助手全程参与配合荷兰专家开展修复工作。开辟了专门的修复工作室，配备了安全监控设施。

三、油画修复的过程

1. 修复第一阶段：紧急性处理和取样检测（2007年9月10日—15日）

2007年9月10日下午，荷兰油画修复专家林堡省文物修复研究院院长安娜、修复部主任耀斯及一个荷兰纪录片摄制组自荷兰乘飞机抵达颐和园，在一家荷兰文物保护公司担任中国代理的邱晓慧小姐担任翻译工作。在与颐和园领导及工作人员进行短暂的会晤后，荷兰专家组立即按照原定方案投入工作。

这一阶段，在颐和园文物工作人员的配合下，主要开展以下工作：

① 荷兰专家从镜框中将慈禧画像小心翼翼地取出，因为不清楚画像是如何与画布架相固定的，所以将画像正面用多条胶带进行保护，然后小心地将画像取出，放置到工作台上，仔细检查了油画

大清國慈禧皇太后

修复前

大清國慈禧皇太后

修复后

的破损情况；

②对画像背面进行"潮湿处理"，使亚麻布的纤维松弛，然后从每一边的中间开始向边角每隔10厘米贴上胶条拉紧，然后在相邻的胶条之间再贴上新的胶条进一步拉紧。重复这个步骤几次，逐步地拉伸画布，让画布放松慢慢展平；

③对翘起（脱落）的颜料进行原位固定，在使用鲟鱼胶测试后决定使用水溶白明胶（1.5克白明胶溶于50毫升水中）。选择白明胶是因为它能够在比较高的温度下保持黏性；

④按照承托画布木板的尺寸，制作了一个正好可以套在木板四边的木框，用于固定支撑画布，将画像伸展固定其上；

⑤将固定好的画布及木框竖起放置，检查画背，尽量揭除画布后裱糊的高丽纸覆背，画布破损严重的位置背纸较厚，暂不揭开；

⑥将破损严重处在正面用纸封护，再将画布重新固定；

⑦继续用水溶性胶回贴脱落的油彩颜料，将起翘部位轻轻熨平；

⑧对画像用塑料薄膜封护后，移入恒温恒湿的地下库房内保存。

过程中，取少许脱落的颜料颗粒，空运回荷兰进行检测分析。几天后，检测报告显示画布主要为亚麻纤维，夹杂少量黄麻；画布上从底向上依次为白垩粉底、自然树脂清漆层、颜料层、自然树脂清漆层。根据检测结果，荷兰专家制定了修复方案，主要是在脆弱破损的画布后面附加一层衬布，以为画像提供足够的结构性支撑；最后对画像脱落的部分进行还原性美学修复。

2.召开修复方案专家论证会（2007年9月14日）

9月14日，颐和园组织了由著名的油画家和文物专家参加的方案可行性论证会，受邀到会的专家有：著名油画家、中央美术学院戴泽教授、潘世勋教授，颐和园原总工程师耿刘同研究员，故宫博物院科技部主任宋纪蓉研究员，以及北京市公园管理中心综合处处长高大伟等。荷兰专家详细介绍了他们四个步骤的修复方案，对修复中的重要环节及技术难点进行了详细的解释。之后双方展开深入讨论，与会专家和高大伟处长分别从各自的角度对画像修复方案提出了各自的看法，主要形成如下意见：

①荷方有着认真负责的学术态度，方案非常仔细、完整、科学，其体现的技术水平是国内达不到的。我国油画修复技术比较落后，甚至存在着很大的空白，而欧洲的修复技术却是相当成熟的，而且该油画像为美籍荷兰人创作，由荷兰专家进行修复更加可靠，更了解作者的个人背景、创作习惯、使用的材料及绘画的风格特点；

②该幅油画像破损较为严重，而且破损处还在不断发展，修复工作越早越好。方案是代表欧洲最先进的修复理念的，修复工作完全是可逆的，体现了很好的文物保护理念；

③修复中最容易引起争议的对缺失色彩部分的润饰步骤，有三十年前著名画家戴泽教授临摹的作品作为佐证，是很好的依据；

④画像修复完成后，需要在一个可以控制小气候的环境里保存，严格控制温湿度，才能保证画像的延年保存和展示。

11 月 21 日，颐和园向北京市文物局正式提交了《颐和园关于园藏慈禧油画像修复的请示》。12 月 10 日，北京市文物局京文物〔2007〕1589 号文件《关于修复颐和园藏慈禧油画像文物的批复》，同意颐和园上报的修复方案，要求做好与文物修复专家之间的沟通协调工作，采取切实措施确保文物安全，做好文物修复前后相关资料的收集工作及相应记录。

3. 修复第二阶段：结构修复（2008年3月26日—4月1日）

2008年3月26日和4月5日，荷兰专家组分两批再次抵达颐和园开展正式的修复工作。除了上次的安娜和耀斯外，这次的专家组增加了两位新成员：库勒姆勒博物馆修复部主任鲁克与林堡省文物修复研究院油画修复师比安卡。鲁克女士在油画颜料配制方面具有精确的把握能力，曾修复过不少凡·高的油画；比安卡是油画绘画功底深厚的修复师；而全程参与的耀斯先生则在结构修复方面执荷兰油画修复界之牛耳。由此可以看出，荷兰的油画修复专业人员有着细致的个人专长和分工；而这样的人员配置是要充分满足将要开展的修复任务。已经成为林堡省文物修复研究院的第一位中国学生的邱晓慧担任荷方专家组的协调和翻译工作。

荷兰专家组首先验看了画像，没有发现任何损坏、异常和颜料脱落情况，说明保管工作是良好的。

3月27日至4月1日，为画像结构修复阶段，主要工作内容和次序为：

①去除原有的高丽纸覆背和填补原画布漏洞的绢片，彻底清理20世纪50年代的中式修复痕迹。为避免对画像本体产生不良影响，尽可能采取干揭方式，只在黏合顽固处辅以棉签蘸清水轻微润湿后揭除；

②在画像破洞处填补新的画布，用胶与原画布粘接，并保持与原画布纤维的经纬纹理方向一致；

③将画像边缘与无纺纤维布用胶加热粘接后，将纤维布紧绷在固定画布的木框上，使画像可以灵活操作；

④进一步固定颜料，揭除画像右下角破损脱落最严重处的保护性贴纸，将脱落的小片颜料用水溶性胶点涂粘接于原处，并将画像上颜料裂缝起翘部位填进极少量水溶性胶后用小熨斗垫硅酸纸轻轻熨平；

⑤制作一个新的木框，尺度正好可以套在固定画布的木框外，将一整块人造纤维画布绷在新的木框上；

⑥开始加衬：从下至上依次放置塑料薄膜、浸湿二甲苯的亚麻布、人造纤维布、浸过胶的无纺布、慈禧画像，大约二十分钟后将塑料薄膜包裹浸湿二甲苯的亚麻布撤去，将 PVC 管上的气嘴接上吸尘器，开动吸尘器，两个小时后画布已牢牢地粘贴在木框内绷着的人造纤维布上了，放置一晚使二甲苯挥发，画布衬背工作完成。

这一过程完全是可逆的，如去除加衬画布，黏合剂将保留在新画布上。

4.修复第三阶段：美学修复（2008 年 4 月 2 日—10 日）

对画像缺失部分的修复处理始终是我方关注的重点，我代表中方多次向荷兰专家组强调，由于画像颜料缺失部分形成较早，没有留下影像记录等档案资料，因此对其的修复应该慎重，文物修复不同于一般修复，应避免想象性或推测性复原，尽力搜集相关资料，使修复建立在确凿的历史依据之上。荷兰专家组对我方的要求给予高度尊重，表示美学修复的每一个环节都是可逆的，每一道工序都将在获得中方的同意后实施，如果中方对实施效果不满意，都可以退回到前一个环节。我方则提出，为了避免修复工作的反复和不确定性，荷兰专家最好能事先做出画像美学修复后的效果演示。

在结构修复即将完成的时候，一个细节的发现和提出为美学修复扫清了道路：看过慈禧画像的人都知道画面左右的家具摆设是对称摆放的，荷兰专家也敏锐地发现了这一特点，将透明硬塑料膜放在画面右侧与画面左侧严重缺损对称部位，用细笔在膜上勾勒出完整的方几、花盆、花盆架等纹样，然后将透明硬塑料膜翻过来，放在画面左侧缺损严重部位比对，发现画面两边背景纹样基本吻合对称，只不过左侧的落款占去了一定的画面，因此花盆架的一条腿画得略短一些，由此可以推测，当年华士画像时可能也是采取了这样的两侧翻转对称处理方法，以加快绘画进度或者增加对称性；荷兰专家用电脑软件 Photoshop 将画像照片右侧完整纹样按百分比翻至左边缺损部位，结果图像显示左右十分吻合。我方对演示效果十分满意，认为这一发现具有重要的学术价值，从画像本身解决了颜料缺失部位复原修复的历史根据，原本棘手的美学修复难题就此迎刃而解。

美学修复的主要过程是：

①用纯净水稀释 Tylose 胶后，用棉签蘸着胶水滚动地清洁整幅画面，棉签滚脏后及时更换，去除了表面尘污的画像变得色彩明丽；

②在整个画面上涂一层很薄的二甲苯溶液，干燥后形成隔离层，其作用是加固颜料、增加颜色饱和度，并隔离将要施加的颜料和润饰，以保证润饰工作的可逆性；

③用五份 3% 的 Tylose 胶加入一份 DMC2 胶混合调成底胶，再

慈禧油画像原木架上的华士亲笔法文签名

加入白色底粉（AI$_2$O$_3$）和少许颜料调色，底粉的颜色近于画面基本色即可；填补缺损较大部位的底粉中，加入一些竹纤维增加底粉的附着力；

④将调好的底粉填于缺损部位的人造纤维布上，用人造纤维布垫着压平实，同时注意要把垫着的人造纤维布纹理摁压在底粉上，保持底粉上印出的纤维纹理与画面上画布纤维纹理一致；

⑤用 Paraloid B72、乙醇、双丙酮乙醇和颜料调试润饰颜料，比安卡主要承担了画面左侧缺失画面较多部位的润饰；鲁克主要进行画面左上部竹帘背景、盆花、果盘、苹果、慈禧像等图案的润饰。

最后一道工序是画像润饰工作完成后的重新固定装框。由于慈禧油画像的原始支撑画架在 1979 年被用在了戴泽先生临摹的油画像上，经我方同意，决定恢复原初状况，临摹像另做支撑画架固定；原画架后有胡博·华士法文亲笔"太后自然画像、胡博·华士、1905 年于北京"字样；在修复师耀斯的指导下，慈禧油画像绷回原画架，用钉固定，衬垫后装回玻璃镜框之中，装好背板。至此，慈禧油画像修复工作全部完成。

5. 画像修复完工专家论证会

按照既定程序和计划，4月10日，颐和园管理处在颐和园组织了慈禧画像修复完成现场专家论证会，受邀前来的油画家、中央美院潘世勋教授、徐悲鸿纪念馆副馆长徐庆平研究员、颐和园原总工程师耿刘同研究员、故宫博物院科技部主任宋纪蓉研究员及北京市文物局博物馆处处长刘超英等认为对慈禧画像的修复：

①严格遵循了既定的修复方案，修复工作严谨细致，修复过程的记录和归档保存完整，达到了预期的效果，是一次非常成功的修复；

②修复材料是尖端、高水平的，可逆性的修复原则运用得很好，符合中国文物保护的原则；

③恢复了原作的面貌和艺术效果，画面的缺失部分修复得很好，反映了修复者深厚的艺术修养；修旧如初，保留了岁月的痕迹和历史的信息，是适度的修复；

④此次修复为中国油画修复行业的发展提供了宝贵的经验。

四、围绕画像修复产生的学术、文化交流及影响

1. 组织召开中荷油画文物修复技术研讨会

2008年4月11日，由颐和园管理处主办、荷兰林堡省文物保护研究院与荷兰驻华大使馆协办的"中荷油画文物修复技术研讨会"在颐和园文昌院隆重召开，来自中央美术学院、中国美术馆、故宫博物院、中国国家博物馆、中国军事博物馆、北京艺术博物馆、

中荷油画文物修复技术研讨会

北京大学艺术学院、徐悲鸿纪念馆、吴作人国际美术基金会、贝罗修复科技（北京）有限公司以及颐和园管理处、荷兰林堡省政府、荷兰林堡省文物保护研究院、荷兰库勒姆勒（Kröller Müller）博物馆和荷兰驻华使馆的专家、代表和领导约 30 人参加了会议。慈禧画像修复项目的重要推动者之一——荷兰林堡省政府的代表荷兰林堡省文化部部长沃夫斯女士专程从荷兰赶来参会。进行大会学术发言的有：荷兰林堡省文物保护研究院院长安娜介绍了荷兰油画修复的发展历程以及颐和园藏慈禧油画像的艺术修复过程和方法；林堡省文物保护研究院首席修复主管耀斯（Jos）先生介绍了慈禧画像结构的修复过程和方法；耿刘同研究员论述了艺术品修复与中西文化交流的关系；故宫博物院刘舜强介绍了故宫藏油画的保藏现状和历史价值；徐悲鸿纪念馆徐冀介绍了徐悲鸿纪念馆与法国专家合作修复徐悲鸿受损油画的情况；荷兰库勒姆勒博物馆修复主管鲁克（Luuk）女士介绍了修复其馆藏凡·高油画的新发现；时任园文物部主任秦雷介绍了颐和园纸绢类文物修复的理念与实践；荷兰胡博·华士研究专家米卡拉（Micaela）女士介绍了画家的生平和作品；油画修复专家、贝罗修复科技（北京）有限公司总经理要国旺先生宣读了其"油画修复——一门新兴的专业"的论文。在随后的讨论发言中，中国国家博物馆、北京大学艺术学院等单位的专家与荷方专家进行了热烈的交流。经过一天的议程，研讨会圆满结束。

这次研讨会基本囊括了首都在油画文物收藏、修复、研究领域的专业骨干。在油画文物修复专业在中国刚刚引起重视，专业力量尚在培育的环境下，召开这样一个高端和具有国际视野的专业研讨会在中国尚属首次，必将对中国油画文物修复专业的发展起到积极的推动作用。研讨会的成果和价值，获得了与会中荷专家一致的高度肯定。

2. 荷兰驻华大使一行考察画像修复工作

4月11日下午，荷兰王国驻华大使裴靖康先生、一等秘书兼新闻文化教育主管施鹤玲女士、政策官员瑞米先生、林堡省政府文化部部长沃夫斯女士、荷兰帝斯曼公司执行副总裁苏丹汉先生来到颐和园了解慈禧油画像修复工作，北京市公园管理中心副主任刘英、颐和园园长阚跃等会见了大使一行。裴靖康大使详细听取了荷方专家对修复过程和画像历史价值的介绍，对中荷双方在画像修复上的密切合作表示满意。刘英副主任在晚宴致辞中代表管理中心对具有历史意义的慈禧油画像修复工作的完成和中荷油画文物修复技术研讨会的召开表示祝贺，对画像修复工作的推动者荷兰林堡省政府和相关公司的代表表示衷心感谢，对荷兰专家的辛勤工作表示诚挚的谢意，指出此次中荷合作修复慈禧油画像的举措表明颐和园的文物管理水平无论在理念还是行动上都在朝着现代化、国际化的目标迈进。随后，裴靖康大使、沃夫斯部长、苏丹汉副总裁在宴会上也先后致辞，对中荷双方圆满完成颐和园藏慈禧油画像的修复工作表示满意，对刚刚结束的中荷油画修复技术研讨会的成功举办表示祝贺，对在美丽的颐和园中欣赏到美丽的画像表示荣幸，对颐和园和公园管理中心对荷兰资助修复画像的大力支持表示感谢，并对中荷之间进一步扩大文化交流表示了期待与展望。

中荷双方人员在慈禧油画像修复完工揭幕仪式上合影

（左起：秦雷、祝玮、阚跃、刘英、布拉斯特克、安娜、布拉斯特克夫人、米卡拉）

3. 荷兰首相来园参观完成修复的慈禧画像

慈禧油画像的成功修复引起了荷兰政府高层的关注，2008年10月26日上午10点，前来北京参加欧亚论坛的荷兰首相鲍肯内德一行10余人来园参观游览，并重点参观了慈禧画像。颐和园副园长祝玮向首相详细介绍了慈禧油画像修复工作情况，对荷方在油画修复过程中的支持和帮助表示感谢。鲍肯内德首相表示颐和园慈禧油画像的修复合作是中荷文化一次很好的交流，中国传统文化博大精深，希望今后两国还有更多文化交流合作机会。

画像修复和荷兰首相来园期间，荷兰《电信报》、荷兰国家广播电台等荷兰重要媒体向国内详细报道了中荷联合修复颐和园藏慈禧画像的事件。

4. 荷兰文化教育科技部部长一行参加慈禧油画像完工揭幕仪式

2008年11月4日上午，中荷联合修复慈禧油画像完工揭幕仪式在颐和园文昌院举行，专程来园参加仪式的有荷方嘉宾文化教育科技部部长布拉斯特克（Plasterk）先生及夫人、高级政策顾问瑞德（Reeder）先生、荷兰使馆文化新闻主管施鹤玲女士、荷兰DSM公司负责人苏丹汉先生、林堡省文物修复研究院院长安娜、胡博·华士研究专家米卡拉及荷兰文化代表团共二十余人，中方参加活动的主要领导有北京市公园管理中心副主任刘英、颐和园园长阚跃和副园长祝玮等。双方首先在文昌院大会议室进行会谈，会谈由园领导祝玮主持，园长阚跃首先致欢迎词，对部长一行的到来表示热烈欢迎，对中荷联合对慈禧画像的成功修复给予高度评价；布拉斯特克部长致辞，表示愿意展开进一步的合作交流；安娜与米卡拉先后介绍了画像修复过程纪录片制作、胡博·华士研究出版书籍及画像修复的情况。随后，刘英主任与布拉斯特克部长来到综合展厅共同为完成修复的慈禧画像揭幕。京城的各大媒体北京电视台、新华社、中国日报、北京晚报、北京青年报、新京报、京华时报及中国文物报等新闻和专业媒体都予以了报道，不少京外媒体也予以了转载；中央电视台《国宝档案》栏目也拍摄了专题节目。

中荷联合修复慈禧画像工作，是颐和园管理处第一次引进和联合国际文物修复专家对颐和园藏珍贵文物开展修复并取得成功的范例，体现了颐和园文物管理者在新的时代条件下开拓思想、勇于进取的精神；同时，通过该项工作，颐和园扩大了自身影响，增进了国际交往，熟悉了国际交流的规则，培养和锻炼了专业人才，取得了积极的社会效益，增强了以文物拓宽发展之路的能力。从这个意义上说，慈禧画像修复工作的完成是颐和园新的更加广泛国际交流合作的开端。

2010 年

颐和园南迁文物清册　（颐和园藏）

国宝大迁移中的颐和园文物调查

20 世纪 30 年代，日本帝国主义加快了对中国的蚕食鲸吞，中华民族面临着生死存亡的考验，为躲避日寇的侵略和长期战乱，存续中国文化的精华物证，发生在 1936 年至 1950 年的故宫国宝文物南迁和北返行动，是中国文物保护史上最富有传奇性的著名事件。然而不为人知的是，在这次旷日持久的大规模国宝级文物迁徙保护行动中，在那些被视为维系着中华文化命脉的文物箱包中，有数千件之多来自颐和园的精品文物。这些文物具体是哪些？为何与何时参与了国宝文物大迁徙？迁徙中的流转和经历情况怎样？是否回归了颐和园？回归的数量多少？对颐和园整体文物价值的影响怎样等等，还都是一个个几乎无人问津的学术盲区。本文首次对颐和园参与文物南迁北返的历史进行了较为深入和清晰的挖掘、考证与梳理，对于一些现藏于颐和园之外的原颐和园南迁文物进行了力所能及的考察和追寻，力图显现在那段壮阔的历史洪流中的颐和园身影，发掘一段隐而未彰的文物传奇。

一、颐和园文物参加南迁的数量

"九一八"事变爆发后，日本侵略者侵占东北。华北危机，旧都文物珍藏命运堪忧。数百年来，中国宫廷艺术宝藏，无论在内乱发生或外敌侵入之时，都会引动各方觊觎。国民政府未雨绸缪，遂有故宫国宝南迁之举。1932 年秋，故宫人员开始选提文物，按类装箱。古物馆、图书馆、文献馆和秘书处四个单位共装文物 13400 余箱。

据查北京市档案馆藏文物南迁档案可知，1933 年 3 月 21 日，行政院密电北平市市长及故宫博物院院长："急，北平。市政府周市长、故宫博物院易院长鉴：行密。本日本院第九二次会议议决：北平颐和园内向存有西清古鉴铜器八百余件，宋元名瓷、历代字画等物，均系由故宫移出，归市政府管辖，置之郊外，殊有未妥，应一并交由故宫博物院监运南来，妥为存放。又，国子监周代石鼓并清颁铜器，尤与文献有关，均应同时南运保存，以重国宝。除令〔内〕政部饬知北平坛庙管理处遵办外，仰即遵照密为办理。"

此电文内容与事实颇有差池，颐和园并没有高达八百余件著录在《西清古鉴》上的青铜器；颐和园藏文物均前清遗留，也并非自故宫移出。但北平市政府和管理颐和园事务所闻令而动。1933 年 3 月底至 4 月底，颐和园第一批南运古物装箱 74 个，共计 361 件（编号 1-74 号），其中铜器 51 箱计 252 件、瓷器 23 箱计 109 件，交由故宫博物院附于该院第三批南迁物品并运南下。4 月 15 日，"行政院"参议柳民均、"内政部"司长卢锡荣、故宫博物院副院长马衡及秘书吴瀛洲来园，会同颐和园于是日起至 4 月 18 日，按照颐和

1933 年颐和园南运古物清册

园清册检提装箱，计装陈列馆及库存各项古物 223 箱、夹板 1 件（随木架 3 件）又油布卷 1 件（编号 75-299 号），于 19 日上午 8 时作为颐和园第二批南运古物交由故宫博物院随运南下。颐和园第三批南运古物，于 4 月 28 日以前亦经故宫博物院派员鉴定并监视装箱计 343 箱又夹板 1 件（附木架 2 件），内装陈列馆及库存铜器、瓷器、玉器、珐琅、雕漆及书籍、字画、汉瓦、插屏、座钟、杂品等，又方凳 4 件、立柜 2 件、宝座 1 件（编号 300-650 号），于 5 月 15 日交由故宫博物院随运南下。

在不到两个月的时间里，颐和园在"行政院""内政部"的监督以及故宫博物院和北平市各界的协助下，共拣选园藏珍贵文物

2445 件（套），另含《图书集成》一部，计 528 函，共编为 650 号，其中 640 箱及 7 个麻包、2 个夹板、1 个油布卷，分三个批次加入国宝南迁的队伍之中。据档案记载，国民政府行政院令财政部拨款洋一万元给北平市政府，专用于颐和园古物装运的各种费用。前后三次清点装运，实际花费约八千零六十六元七分。

表1　故宫古物南迁文物运送起止时间

批数	起运日期	到达日期
第一批	1933 年 2 月 6 日	1933 年 3 月 5 日
第二批	1933 年 3 月 14 日	1933 年 3 月 21 日
第三批	1933 年 3 月 28 日	1933 年 4 月 5 日
第四批	1933 年 4 月 19 日	1933 年 4 月 27 日
第五批	1933 年 5 月 15 日	1933 年 5 月 23 日

二、颐和园文物南迁概况

1933 年 2 月，古物南迁开始。故宫博物院一处三馆四个单位共装文物 13400 余箱，另有古物陈列所、国子监及颐和园等处文物计 6000 余箱。南迁文物分成五批，分别在国民政府总务处处长俞同奎，故宫馆员牛德明、吴玉章等人的指挥下，于 1934 年初全部运到上海，存放于法租界的上海天主堂街（今四川南路）26 号中央银行堆栈。但文物存放上海不过一时权宜之计，再加上梅雨季节到来，文物易生虫霉。1936 年 8 月，南京文物保存库落成，存沪文物又于 1936 年 12 月 8 日至 1937 年 1 月 17 日分五批全部运往南京。1937 年 7 月 7 日，抗日战争全面爆发，南京的飞机场和军工厂连

1951年分配颐和园北返文物报告　　　　1951年拨归颐和园文物目录

遭日军飞机的轰炸，转移国宝又迫在眉睫。于是，来自北平的国宝连同南京国立中央博物院的馆藏珍品一起，分为三批，又踏上了播迁的旅途，转运至湖南、陕西、四川等后方地区。抗日战争胜利后，文物开始由后方运回南京。1947年底，南京中央博物院修竣，国宝从三个避难处会集重庆，然后顺流而下运抵南京。1948年淮海战役打响后，蒋介石计划将故宫国宝和南京中央博物院、国立中央图书馆、中央研究院的藏品及部分重要档案也合并一起运往台湾。但当时可以运送这些珍贵古物的只有两艘军舰和一艘商轮，只能最后决定从19557箱南迁文物中选出2972箱运往台湾，其余南京博物院尚存11178箱文物。

1928 年颐和园陈列馆陈列物品清册及影片粘存册 　（颐和园藏）

颐和园南迁文物离园后，先随故宫文物迁至上海、南京，后又辗转分运汉口、汉中，最后存于川渝等地，对于这期间颐和园文物的情况有几种记载略有出入。据那志良先生记载，故宫从水路运往汉口的一批文物中，包括颐和园文物 582 箱，通过火车运往汉中的文物中，有颐和园文物 40 箱，而有 18 箱颐和园文物滞留南京未及抢运；欧阳道达先生在《故宫文物避寇记》中记录的运往汉口的颐和园文物为 527 箱；而据《中国对日战事损失之估计》中记载，1933 年陷落南京的颐和园文物为 89 箱。

表 2　随故宫古物南迁颐和园等单位文物装箱列表

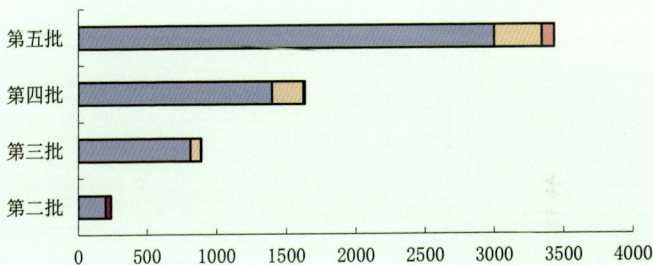

批次	古物陈列所	中央研究院	颐和园	内政部	国子监	先农坛
第二批	200 箱	37 箱				
第三批	814 箱		74 箱	档案 4 箱		
第四批	1400 箱		224 箱		石鼓 10 件 碑 1 件	
第五批	3000 箱		343 箱 又 8 件			88 箱

表 3 古物南迁上海点查文物箱数列表

单位		字号	第一批	第二批	第三批	第四批	第五批	总计
故宫博物院	古物馆	沪	2466 箱	164 箱	1 箱			2631 箱
	图书馆	上	420 箱	995 箱				1415 箱
	文献馆	寓			129 箱	1535 箱	2102 箱	3766 箱
	秘书处已点收箱件	公		3658 箱	105 箱			3763 箱
	前秘书处未点收箱件	禾			1845 箱		64 包	1845 箱 64 包
	伦敦艺展箱件	艺	76 箱		4 箱			80 箱
	艺展会退回未选送出国箱件	提				7 箱		7 箱
	法院封存箱件	法				10 箱	1 箱	11 箱
	驻沪办事处文件箱	处				2 箱	39 箱 7 件 13 扎	41 箱 7 件 13 扎
	刊物	刊	189 箱					189 箱
其他单位	古物陈列所	所			1760 箱	3657 箱		5417 箱
	颐和园	颐			566 箱 8 件 8 包	74 箱		640 箱 8 件 8 包
	国子监	国					11 箱	11 箱
总计			3151 箱	4817 箱	4410 箱 8 件 8 包	5285 箱	2153 箱 64 包 7 件 13 扎	19816 箱 72 包 15 件 13 扎

三、颐和园文物北返和分配

中华人民共和国成立后，1949 年底，华东工作团主持南迁文物北运，留在南京的文物开始陆续北返，一万多箱文物返回北京。其中，计有颐和园颐字文物 267 箱、京字 4 箱，共计 271 箱。后来文物北返的工作因故暂时搁置，现在仍有两千余箱文物留存于南京，由如今的南京博物院保管。1950 年 1 月 24 日，颐和园得知中华人民共和国成立前南运古物已北返的信息后，分别呈文政务院及北京市人民政府，请求将南运的原颐和园文物归还颐和园。

对颐和园的要求，1950 年 5 月 16 日，国家文物局召开的第一次会议，决定了北返的颐和园南迁文物分配原则：

（甲）有关清代艺术品，如慈禧太后生活有关之器物，尽量分配颐和园。

（乙）有关历史考古器物，可分配故宫方面，补充有系统的陈列品。

1951 年 1 月 4 日，召开颐和园北返文物分配委员会会议，参加者主要有故宫博物院罗福颐、唐兰，以及颐和园的金恒贵，在国家文物局给出的分配原则下，决定颐和园北返文物的具体分配方案：

1. 书画凡见《石渠宝笈》著录者归故宫博物院存藏；

2. 钟表插屏陈设三十七箱全部归颐和园存藏；

3. 玉器二十五箱全部归颐和园存藏；

4. 瓷器九十五箱归故宫博物院存藏，其中有重复者归颐和园（不包括成对者）。清代瓷器除特殊品外，尽量拨归颐和园存藏；

5. 铜器一百一十二箱中，明、清代品归颐和园，其余归故宫。

分配工作由故宫博物院罗福颐、唐兰及颐和园金恒贵三人逐箱按上述方案进行，三人共同在清册上盖章，共计分配北返颐和园文物983件。其中，铜器112箱内装461件，分配给故宫博物院394件，归还颐和园68件；瓷器95箱内装390件，分配给故宫博物院254件，归还颐和园136件；玉器25箱内装58件，均归还颐和园；字画2箱内装29件，分配给故宫9件，归还颐和园20件；钟表20箱内装24件、竹雕等5箱内装13件，及另有12个草包麻袋捆内装慈禧太后油画像、油画立镜、缂丝及佛像及硬木家具共7件均归还颐和园。以上归还颐和园文物共76箱、12草包麻袋捆，于1951年1月17日运回颐和园，共计326件，1953年6月又归还42件。

故宫文物在新中国成立后，曾经向国外9个国家，国内27个省、自治区、直辖市和部队单位调拨出文物。这些文物拨往最多的单位是中国革命博物馆和中国历史博物馆（后合并为中国国家博物馆），共计7970件。故宫拨出接收超过2000件文物的单位有10个，除去国家博物馆外，分别是：沈阳故宫7546件、承德外八庙5968件、民族宫5519件、洛阳市文化局3361件、东陵管理所2966件、北京电影制片厂2510件、中国工艺美术学院2356件、国庆工程各单位2534件。因此，要搞清颐和园北返文物分配至故宫的部分文物，是否再调拨出故宫到本市其他单位或是外省市很难查清。但是可以明确有一件颐和园旧藏文物调拨国家博物馆，为南宋官窑贯耳瓶，至今展出时可见到瓶口内民国时期管理颐和园事务所的标识，内容包括存放文物处所、名称、年代、签号等内容，因此此件调拨出故宫的文物可以识别出原出处。

四、国宝大迁移中的颐和园文物收藏寻踪

从已经掌握的资料来看，除去回归颐和园的 325 件之外，目前藏有参加南迁颐和园文物的收藏机构包括故宫博物院、中国国家博物馆（故宫调拨）等，而南京博物院是否藏有颐和园文物还有待进一步确考。对于以上等处所藏文物的品种、数量等详细资料有待进一步查考。下面是目前查考到的现收藏于颐和园之外参与文物南迁的颐和园文物收藏情况实物举例。

表 4　北京故宫博物院收藏南迁颐和园文物列表

序号	名称	年代	尺寸（厘米）				重量（千克）	原藏处	
			高度	宽度	口径	足径			
1	兽面纹甗	商代后期	80.9		44.9		40.02	颐和园	

续表 4

序号	名称	年代	尺寸（厘米）				重量（千克）	原藏处	
			高度	宽度	口径	足径			
2	小臣舌方鼎	商代后期	29.6		22.5		6.18	颐和园	
3	乳钉三耳簋	商代后期	19.1		30.5		6.95	颐和园	
4	兽面纹尊	商代后期	25.4	24	22.3	13.4	3.18	颐和园	
5	兽面纹瓿	商代后期	16.8	23.5	16.1		2.5	颐和园	
6	鸢祖辛卣	商代后期	36.4	18.4			4.04	颐和园	

续表 4

序号	名称	年代	尺寸（厘米）				重量（千克）	原藏处	
			高度	宽度	口径	足径			
7	子卣	商代后期	28	22.5			3.84	颐和园	
8	亚羲方彝	商代后期	17.9	18.9			3.34	颐和园	
9	作宝彝簋	西周早期	25.5	30.7			5.42	颐和园	
10	劓妁壶	西周早期	31.4		9		2.35	颐和园	
11	伯盂	西周早期	39.5	53.3			35.8	颐和园	

续表 4

序号	名称	年代	尺寸（厘米）				重量（千克）	原藏处	
			高度	宽度	口径	足径			
12	滕虎簋	西周中期	33.6	31.7			7.4	颐和园	
13	追簋	西周中期	38.6	44.5			18.9	颐和园	
14	免尊	西周中期	17.2	18.3			2.62	颐和园	
15	颂鼎	西周晚期	38.4	30.3			7.24	颐和园	
16	虢文公子鼎	西周晚期	30	30.9			9.08	颐和园	

续表 4

序号	名称	年代	尺寸（厘米）				重量（千克）	原藏处	
			高度	宽度	口径	足径			
17	大簋	西周晚期	14.8	22.2			2.7	颐和园	
18	士父钟	西周晚期	45.2	26			17.08	颐和园	
19	郑义伯缶	春秋前期	45.5	14.7			9.66	颐和园	
20	毛叔盘	春秋前期	17.2	52.5	47.6		14.26	颐和园	
21	狩猎纹豆	春秋后期	21.4		18.5		2.22	颐和园	

续表 4

序号	名称	年代	尺寸（厘米）				重量（千克）	原藏处	
			高度	宽度	口径	足径			
22	蟠虺纹罍	春秋后期	32.5		24.6		7.08	颐和园	
23	匏形匜	春期后期	23.1	40			6.32	颐和园	
24	王子婴次钟	春期后期	42.8		21.5		13.54	颐和园	
25	嵌红铜蛙兽纹盘	战国前期	12.6	41.7			3.38	颐和园	
26	魏公匾壶	战国后期	31.7	30.5			3.96	颐和园	
27	粟纹方壶	战国后期	49.4	31.5	16.5	19.2	12.72	颐和园	

续表 4

序号	名称	年代	尺寸（厘米）				重量（千克）	原藏处	
			高度	宽度	口径	足径			
28	有流壶	战国后期	38.3	33.5	17.9		8.1	颐和园	
29	郊坛官窑方花盆	南宋						颐和园	

表 5 中国国家博物馆收藏南迁颐和园文物列表

序号	名称	年代	尺寸（厘米）	原藏处
1	官窑青瓷贯耳瓶（口径内贴有民国时期颐和园标签）	南宋	23×8.3×6.6	颐和园

参与南迁的颐和园文物是中华民族文物宝库中的精华，更是颐和园藏文物中的精华，是一笔宝贵的历史文化遗产。本文简要梳理了颐和园南迁文物的来龙去脉，对这笔遗产进行认真整理、挖掘和研究，是揭示颐和园历史文化内涵的必要工作，是重新认识和有效利用颐和园文物价值的重要前提，对拓展颐和园文物保护和利用的发展空间具有积极的现实意义和深远的文化意义。

2016 年

汉白玉皇家西番莲纹柱台 （中国园林博物馆藏）

一件圆明园流散文物的征集
与考证

最近，圆明园流散文物再次受到社会各界的强烈关注：先是在 2018 年 12 月 11 日，国家文物局划拨中国国家博物馆青铜"虎鎣"入藏仪式在中国国家博物馆高规格举行，文化和旅游部部长雒树刚、国家文物局局长刘玉珠、国家博物馆馆长王春法出席仪式，雒树刚为青铜"虎鎣"揭幕。这件据称是圆明园流散文物的西周晚期青铜器"虎鎣"是于 2018 年 4 月在英国肯特郡坎特伯雷拍卖行以 41 万英镑（约合 366 万元人民币）价格被拍出并由买家无条件捐赠给国家文物局的。

"虎鎣"入藏国家博物馆不到一周，法国巴黎又传来重磅消息，2018 年 12 月 17 日，疑似圆明园十二生肖兽首之一的龙首出现在法国巴黎一场小型拍卖会上，并最终以 2400 万元人民币的价格被一华人买家购得。特别是疑似龙首的出现，再次引发了国人对于圆明园流散文物的鉴别、价值及收回方式的大讨论。

圆明园流散文物的再次"火热"，也再次勾起了我对自己曾经手征集的一件疑似圆明园流散文物的回忆与考证。2011 年至 2013 年，受北京市公园管理中心委派，我借调至中国园林博物馆筹建办公室参与该馆筹建工作，主要负责三个临时展厅的策划布展以及参与藏品征集工作。作为一个赤地立新的筹建新馆，征集和丰富藏品自然是园博馆一项至关重要的基础性工作，于是国内的各个拍卖会便成为我们的主要关注点。

2012年底，中国园林博物馆筹备办得到杭州西泠印社将举办首届石雕专场拍卖的消息，在认真研究拍品图录后，我感到此场的石雕拍品大部分为园林庭院赏石及建筑构件，符合园林博物馆的定位和需求，其中一件拍品高度疑似圆明园西洋楼石构件风格，可以列为重点征集目标。我将情况报告给中国园林博物馆筹备办常务副主任、北京市公园管理中心总工程师李炜民，李总在认真听取建议并和筹备办相关领导商议后决定，由我和从北海公园借调的张冕二人赴杭州参拍。

由于拍卖时间迫近，我和张冕第二天上午即乘高铁赴杭州。列车驶出不久，灰蒙蒙的天空中开始洋洋洒洒飘下密集的雪片来，这是那年的初雪，在北方，冬至刚过即大雪纷飞的情况是不多见的。高速列车风驰电掣般前进，漫天飞雪围绕着车身狂旋乱舞，似在与列车相追逐嬉戏，飞琼溅玉，显得分外妖娆。坐在温暖的车厢内，欣赏着窗外的雪景，不由有一种心旷神怡的惬意感。我当时还想，瑞雪兆丰年，这场不期而遇的雪也许是我们杭州之行的好兆头呢！

因为第二天上午就要正式拍卖开槌了，我们下午到达杭州站后即直奔预展现场。当天的杭州阴雨绵绵，温暖湿润，城市洋溢着绿意和生机，和萧瑟寒冷的北方形成鲜明对比，但我们没有时间流连柔美的江南风景。在预展厅，我们二人仔细观看每件拍品，进行讨论，按照计划计算和调整每件中意拍品的可接受价位。

我们此行计划中最重要的征购目标是被标名为"清·汉白玉皇家西番莲纹花台"的第 1110 号拍品。我们围绕着拍品仔细观看：长方形，高 76 厘米，两边分别宽为 70、51 厘米，石料为汉白玉质，洁白细腻，为同类之上品。石台四面剔地阳刻典型的欧式西番莲纹饰，雕刻共三层，中间一层起地最高，纹饰雕刻高凸饱满，为一朵八瓣吐蕊型花卉，外围一圆环，环外上下左右围绕四支花蒂；此层中间向外第二层减地为一海棠形，四倭角处又各出一个直角三角形；再外为第三层减地，与第二层直角三角相接处为四片五瓣形贝壳状花叶。整个石台纹饰和边角局部虽略有磨损和磕碰，但石材之精良，雕工之精细，具有强烈的清乾隆时期的中西合璧特征，不由得不让人立即将它和圆明园西洋楼建筑联系起来。再看拍卖图录中的拍品说明，也说了"此件汉白玉皇家西番莲花台，为不可多得之皇家精品……是清中期典型中西合璧之佳作"。甚至提及了拙政园中类似的 8 件圆明园西洋楼石刻遗物，看来拍卖公司也注意到了圆明园西洋楼石刻的高度相似性，或许未考证明确，或许涉及敏感，并没有将二者直接等同。

来杭州之前，我也做了不少功课：仔细查阅了圆明园西洋楼建筑的二十张复刻铜版画，对照了能够找到的 1870—1930 年的清末西洋楼残迹老照片，以及现存圆明园、北京大学、颐和园、拙政园等处的西洋楼建筑石构件的资料，希望能找到和这件拍品一样的西番莲纹饰图案，遗憾的是一时都没有找到完全一样的。在没有获得更确凿的证据之前，我只能认为这件石雕只是"高度疑似"圆明园流散文物。

第二天上午，我们进入拍场竞拍，当拍到这件石雕时，竞争相当激烈。我们开始并没有急于举牌，当竞拍进行到十几次举牌，场上只剩下两家竞争者时，我们才加入竞拍，并且每次加价都毫不犹豫，有势在必得施压竞争者之意。经过几轮竞举，我们最终胜出，价格在这一场我们拍下的 22 件拍品中最高，在全场成交拍品中价格中上，远不是最高价格。

这一件"高度疑似"圆明园西洋楼石雕是我最满意的收获，回京交差后不久，便用带有想象性的文字戏作了一篇咏赞这件石雕和参拍经历的韵文，以志其事：

《清代汉白玉花台歌》（附注）

2012 年，中国园林博物馆筹建正酣，文物展品亟缺。12 月 29 日，笔者受筹备办李炜民总工之命参加杭州西泠印社石雕专场拍卖会，颇有斩获。其中第 1110 号拍品名为"清代汉白玉皇家西番莲纹花台"，石质洁白细腻，纹饰精致富丽，有中西合璧风格，疑其为圆明园西洋楼遗物，遂竞得之，并赋以歌。

白玉骨骼温腻肤，番莲吐蕊势欲凸。

虽有漫漶斑驳痕，贵气依然溢眉目。

此物本伺水法旁，西洋楼里何寻常。

（注：圆明园西洋楼有大水法）

御园风物太富丽，难入弘历青眼光。

（注：御园是清代对圆明园的专称；乾隆皇帝名爱新觉

罗·弘历，作圆明园景观的诗歌数千首，无一首提及西洋楼）

庚申劫火极蛮恶，精雕名石皆崩裂。

（注：1860年英法联军火烧圆明园为旧历庚申年）

此石幸得全身出，隐姓埋名转江湖。

或于街衢系骡马，或于田舍守鸡猪。

人情冷暖品尝尽，世事无常如戏书。

红尘看破欲长隐，却遭商贾搜索出。

拍卖场中甫亮相，数十百人争较量。

（注：甫，刚刚）

十几回合群斗酣，二人稳坐沉静观。

小使以逸待劳计，斜刺里杀入战圈。

气势如虹志必得，纷纷乱麻快刀断。

全场呆坐如鸦雀，拂衣而去不顾返。

呜呼！君不闻：

心有灵犀遇有缘，园博大会正纳贤。

名石终属园博馆，物得其所永承传！

2013年5月18日，中国园林博物馆正式对外开放，此件石雕被负责固定陈列的同事布置在常设展览"中国园林艺术展厅"的结尾处；出于审慎，展品名称中去掉了"皇家"字眼，定为"汉白玉西番莲纹花台"，但在展品说明中提及它"反映了清代皇家园林中的中西合璧风格"。当年6月，我结束了借调工作回到了原单位颐和园，无心旁骛，张冕不久也返回了原单位北海公园。随着时间的流逝，这件石雕与圆明园的"疑似"关系似乎越来越被人遗忘了。

"虎蓥"、龙首再度引发社会公众对圆明园流散文物的关注，也再次勾起了我对六年前往事的回忆，以及对该石雕身世盖棺定论的欲望。我将石雕的照片发给在圆明园龙首事件中发挥重要作用的圆明园学术委员会委员刘阳鉴别，他看后给了一个简短而斩钉截铁的回答：确认！必须是！但我还不满意这样的简单结论，决定去探访一下圆明园西洋楼遗址，这其实是我早应该做的功课。

我来到圆明园遗址公园，说明来意，在圆明园管理处副主任王猛的陪同下，实地观赏了圆明园西洋楼遗存并展出的一百多件石雕，终于惊喜地发现了纹饰完全相同的实物，共有 6 个，圆明园管理处都做了编号，分别是 XC021、XC031、XC034、XC140、XC153、XC154，这 6 件与园博馆的那件从石材、工艺，特别是纹饰上看几乎完全一致。我围绕着这几件石雕仔细观摩，心情激动不已。至此，一个在我心中盘旋了六年的疑问终于完全解开了，我经手征集的这件石雕无疑是来源于圆明园西洋楼！

略有不同的是，圆明园遗存的几个都是正反两面雕刻，另外两个侧面则无雕刻有錾工，说明两侧是与其他建筑构件相连接的部分，共同构成一组构件，而园博馆征集的这件则是四面雕刻纹饰，说明其两侧没有其他构件与之相连，是一个四面独立的构件；另外，圆明园的大多上面中间还有一个小圆孔，应该是与其他构件连接加固的榫眼，而园博馆的则没有榫眼。二者相同的是，石雕的上部平面都不是完全平滑而是錾有麻纹，说明其上都有衔接的部件。这也进一步印证了我之前的疑问，虽然还不能准确知道其上部连接的是

到圆明园探访西洋楼石构件

圆明园石构件上雕刻的纹饰

海晏堂南面铜版画

海晏堂南面十三

位置示意

什么，但可以肯定这种石雕形式称为"花台"是不恰当的，"花台"不过是石雕失去了其原有历史功能后被人赋予新的使用功能的命名。

现在石雕的身世可以毫无疑问地盖棺论定了，但我犹未满足，我的终极疑问是：这件石雕是圆明园西洋楼哪座建筑上的？是做什么用的？圆明园西洋楼的建筑有十几座呢！我将这个问题向圆明园的同志请教。从圆明园现场回来后不久，对圆明园文物了如指掌的陈科长给了我答案，她给我发来了《西洋楼铜版画》"海晏堂南面十三"的数字大图，并圈画了图中楼顶层的石栏板柱的位置，告诉我说这就应该是石雕所在的位置。其实这幅版画我也曾经反复看过，但因为不是数字大图，纹饰不清，所以未能够辨识出来。我仔细对照比例及纹饰图案，陈科长的判断是准确的，圆明园现存的几块应该就在这样的位置，是海晏堂楼顶层一组连接稳定石栏板的栏板立柱。在建筑结构上，立柱上面应该还盖有一条贯通连续的石条，起加固栏板的作用，再其上则是放置一个法式石花瓶。但园博馆征集的这件石雕因为是四面雕刻同样纹饰，所以应该是在一个没有石栏板与之相交的特殊独立的位置，上面应该还有承托的物件，由于角度的关系，在铜版画中还看不到。据此可以认定，园博馆入藏的圆明园石雕是原西洋楼中最重要的建筑海晏堂的建筑构件——汉白玉西番莲纹柱台。

百余年来，圆明园文物大量流失，是中国人的文化和情感之痛，从不同的角度，社会公众对圆明园流散文物的价值和回归方式的争论还会长期持续下去。目前据圆明园管理处统计，不包括私人藏家在内，藏有圆明园流散文物的国内外各文博及机关单位至少不下

德国摄影师奥尔末于 1873 年拍摄的圆明园西洋楼残迹

二十余家。中国园林博物馆是一座收藏、研究和展示、传播中国园林文物文化的专类博物馆，在一定的现实条件下，由于建馆急需，能够征集一件圆明园流散文物，符合该馆的建馆宗旨和藏品定位，能补充表现中国皇家园林文化中西交融和从盛到衰的实物空白，有利于推进圆明园文物流散流向问题的深入研究，有利于弘扬中国优秀园林文化和激发爱国主义情感，因此有理由成为中国园林博物馆的代表性藏品之一。作为征集经手人，将这件藏品的历史信息考证出来，也算完成了我个人的夙愿，没有遗憾了！

2020 年

"百年颐和——颐和园对公众开放一百周年纪念展"展厅（2014 年）

"百年颐和——颐和园对公众开放一百周年纪念展"筹展记

"百年机会真难遇，一线光阴更易流"，2014 年，恰逢颐和园对公众正式开放一百周年，为了纪念这一颐和园史乃至中国园林史上的重要事件，向公众宣传颐和园开放一个世纪以来所发挥的重大社会价值，进一步唤起各界公众和颐和园员工的知园、爱园热情和行动，颐和园管理处将纪念开放百年系列活动确定为年度中心工作内容。其中，一个完整和系统呈现颐和园开放百年曲折历程、具有一定学术深度和艺术观赏性、既引人思考又催人奋进的纪念展，就成为整个纪念活动的灵魂和重心所在。

一、分工协作

2014 年 2 月 13 日，园领导召集园文物部、研究室相关人员召开第一次展陈工作布置会。与会专业人员对颐和园开放百年展的展览形式、大纲编写、展品状况、工作开展等问题畅所欲言，都感到筹备时间紧、学术研究薄弱、展品匮乏且不成系统，难度很大，但该展意义重大，是百年纪念活动中不可或缺的一环，因此必须尽最大努力完成好这一使命。会议明确了工作方案：

展览地点：德和园扮戏楼展厅；

展览形式：图文展板与实物展品相结合；

展陈大纲体例：按照编年体例编写，按照时代特点进行分期和概述，以时间流来体现颐和园百年来的整体沿革和发展，避免按照工作内容分块带来的材料和展品的不系统和不均衡。

工作分工：

（1）文物部负责编写展陈大纲，精炼和完善大事记材料；负责向社会和全园征集展览藏品；负责挑选展品；负责展览的艺术设计和展具制作；负责展览布置；

（2）研究室负责提供颐和园百年大事记材料，提供本部门收藏的相关原始档案展品；负责北京市档案馆、中国新闻纪录电影制片厂查档并为展览提供相关成果；负责编辑制作老职工访谈纪录片。

按照工作方案，各部门立即部署人员，分头全力投入工作。

二、纲举目张

虽然地不过一隅，时不过百年，但由于特殊的地位，颐和园百年开放史的内容极其丰富庞杂，不仅是时代大历史轮替上演的舞台，也涉及机构变化、管理范围、文物保护、植被养护、开放管理、商业经营、大型活动、政治外交服务、文化研究、队伍建设、遗产保护等等诸多细碎庞杂的工作，且未进行过系统的学术研究和整理。如何在德和园扮戏楼300多平方米展厅面积、100延长米展线长度空间里，系统展现颐和园一个世纪的巨大变迁和发展，撰写好展陈大纲是至关重要的第一步。

好的大纲是成功展览的必备前提。撰写大纲要在充分掌握和理解历史资料和实物展品的基础上。文物部人员在认真研读和理解颐和园百年开放史的基础上，讨论了两种撰写大纲方向的可行性，一种是以机构、管理、服务、商业、修缮、交流等工作内容为划分标准，每个部分独立成章，展现该领域百年发展的历程；一种是以时间为线索，按时代特点划分章节，按时间顺序排列所有内容，每个章节是一个综合的断代史。两种方案各有特点，但考虑到第一种方向在章节内容设置上可能会有争议和难度，更重要的是由于历史资料记载和展品数量多寡的不同，会造成章节之间篇幅大小的极不平衡。而第二种方案则可以有效地避免上述弊端，容易驾驭极不均衡的历史材料和展品，使得展览叙述更富有整体感和流畅性。

依照编年的体例，在 3 月 13 日的展陈工作会议上，明确了展陈大纲总体框架，共分为五个部分：

一、1914—1927 年，为溥仪私产时期（后定名为"禁苑初开"）；

二、1928—1948 年，是国民政府和日伪统治时期（后定名为"草创维艰"）；

三、1949—1977 年，是新中国成立至改革开放之前时期（后定名为"蒸蒸日上"）；

四、1978—1997 年，是改革开放至颐和园成为世界文化遗产之前时期（后定名为"日新月异"）；

五、1998—2014 年，为颐和园进入世界文化遗产后时期（后定名为"遗产璀璨"）。

这个展陈大纲框架的划分和确定，科学总结和概括了颐和园百年开放的阶段特点，巧妙规避了不同工作领域和不同历史时期资料展品不均衡性的缺陷，为下一步大纲的细化和陈列形式的设计提供了以简驭繁的钥匙。

以此为方向，按照体现"记有代表性的大事"和特定展览空间的要求，文物部人员将 7 万余字的"颐和园百年大事记"精简压缩和润色补充为 1 万字，概括提炼了总前言和章节概述，进一步分配了各章节的资料图片和实物展品，一个完整的展览大纲基本成形。4 月 11 日，园长刘耀忠听取了展览筹备进展汇报，对以时间为序列的大纲编撰体例表示赞同，同时指示：百年纪念展是今后一段时期颐和园全部工作的重中之重，同志们在这么短的时间里筹备展览，付出了很多辛苦，很不容易，但同时还要广泛向老专家、老领导征求意见，进一步完善方案。刘园长的肯定给专业人员以巨大的精神鼓励，同时也指明了下一步工作的方向。

三、展品搜集

包括前言、概述和大事记在内的大纲文字，虽然作用非常重要，但在文物部展览主创人员的心目中，更多的还只是为百年展提供了必要的叙述脉络和时代背景，文字在展览应用中的平面化往往也预示着展览效果的平淡化。而作为历史物证的实物展品，不仅具有不言自明的说服力，还具有立体化的丰富形象，最容易引起观众的兴趣和共鸣，是展览陈列的主体和焦点。实物展品的有无和质量，是宣传教育类展示与博物馆式深度文化陈列之间的主要区别。因此，提升百年展的学术深度和展示效果，实物展品至关重要。

现实是，颐和园1914年以后的历史实物极其匮乏，没有进行过系统的搜集和整理，现有的少量可知物品，主要为老照片和旧档案，分头管理，数量不详。因此，文物部人员从几个方向开始搜集可供展览用的实物展品。

一是在颐和园主要门区和官网上广而告之，向社会和园内各单位发布"搜寻百年记忆——颐和园对公众开放100周年物品征集公告"，鼓励社会捐赠和借展。其实这一举措，更多的意图是扩大宣传，为整个开放百年纪念活动做预热，所获社会捐赠十分有限，但在广大颐和园新老职工中引起了较大反响，共接受职工捐赠和借展展品129件，如园党委书记毕颐和捐赠了其父毕顺德1954年在颐和园的任命书和工作证，财务部捐出了清末民初的老保险箱，文物部返聘职工王敏英捐赠了11张颇有价值的民国时期老照片，苏州街队经理张常利代表苏州街队捐出了溥杰在苏州街开放时书写的贺词，殿堂队队长杨虹借展了20世纪60年代周总理陪同外宾在颐和园参观的老画片，反映了广大颐和园职工对颐和园的深厚感情。

二是通过网络和拍卖形式购买。网络拍卖上的颐和园老物件其实范围很窄，主要是平面化的老照片、老明信片、老地图、老门票、老出版物等。此次共购得价格不高、有一定说服力的此类藏品74件（套）。其中价值较高的一件是2014年6月1日在中茂圣佳拍卖公司精品拍卖会上购得的一件1934年印制的大幅《颐和园全图》。当然，一些够得上拍卖级别的藏品，由于价格相对较高，暂时只能望洋兴叹了。

三是挑选园研究室、档案室保存的重要档案资料。民国以来在管理颐和园过程中产生的各类呈文、批复、账册、规章、门券、计划、总结等原始档案资料，由于历史原因，一部分在园档案室保管，一部分在园研究室保管。经过各部门人员的共同努力，此次共从研究室挑选档案和实物27件(套)，从档案室挑选各类档案29件(套)。虽然数量不多，不成系统，且基本为平面化的纸质品，但在筹展人员的心目中，这批原始档案无论就其历史价值还是陈列效果，都必定是此次展览的核心展品。

四是搜索文物库房保存的实物。颐和园的文物库房不仅保藏了民国以前的清代宫廷文物，由于历史原因，一些够不上文物级别的民国以后的各类杂物也收存在库房中，多年来未进行过系统整理。本来，筹展人员对此项搜集并未抱有太多期望，根据记忆只明确了十几件藏品，出乎意料的是搜寻过程中不断发现惊喜，鼓励筹展人员和库房管理员以执着的精神，在每个角落和箱底进行大海捞针式的搜索。一件件民国时期和新中国成立初期的老物件在各处陈年杂物积压中浮现出来。最终，共拣选出各类可展物品43件（套），贯穿了从民国初年到新中国成立初期的颐和园发展历程。其中一些物品，如清末民初的园林消防工具——激筒和消防头盔，民国初年驻守园内的国民军遗落的大刀片，民国时期颐和园田地出租执照，民国晚期颐和园房屋出租条例，著名租户溥心畬、袁克定的遗物，解放初期颐和园获得的全国卫生先进单位红旗等等，进一步增加了展览的历史感和观赏性。还有部分藏品如20世纪60年代印尼苏加诺总统来园时的织绣伞盖等物品，时代性和说服力都很强，但是由于体量太大无法放入展柜而不得不割爱放弃。

四、陈列设计

将展览内容以更加突出展览主题精神和富有观赏魅力的形式展现出来，是展览陈列设计的主要任务。在一般的展览陈列中，处于主体地位的历史实物展品，因为它们是第一手的历史的客观物证，具有无可争辩的说服力；文字性的图板被称为辅助展品，是由筹展人员按照一定的主观意图组织、挑选、提炼和总结出来的材料或知识，处于辅助、提示和烘托地位。百年展的展陈设计，主要是做好实物展品和文字展板二者关系和细节的处理。

实物展品，自然是要刻意突出的展示内容，但是，有些遗憾的是，在这些实物展品构成中，照片、账册、公文、票券等纸质类、平面化展品占了绝大多数，不利于展览的立体化呈现。为了克服这一缺陷，筹展人员采取了两种手段，一是通过大小高低不同的展托设计，让平面化的展品随着展托高低而起伏错落，增强了展品的层次感和立体感；二是尽可能把平摆浮搁的展品，通过特制展具托支挂吊起来，以突显展品的立体观赏效果。

一般居于辅助地位的文字展板，在百年展的设计中作用被加强了。因为实物展品系统性的不足，只能依靠展板文字的系统化来引导，实物展品的空缺，要靠文字图板来弥补和充实，并尽可能地在文字展板上加入历史图片，以增强其资料性和可看性。因此，在这个展览中，文字图板和实物展品可以说始终是一种相互佐证、相互补充、浑然一体的关系。所以，与一般实物为主、图文为辅的展览陈列不同，百年展的文字背板体量上也就较大，几乎覆盖和充满了

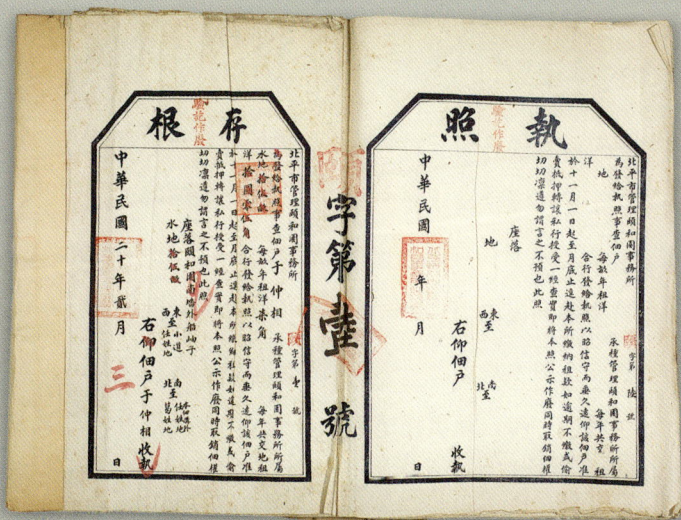

颐和园租户执照簿

颐和园事务所管辖各处房地租簿

整个展柜内部立面，从而容易给观众造成一种强烈的视觉冲击和吸引。同时，为了突出百年发展进步的主题思想，展板设计也注重了章节形式和色彩的统一和变化，在整体统一的前提下，五个章节从前到后的色彩是从灰暗到明亮，表达了颐和园百年开放的历史是从衰败不断走向辉煌的隐喻。

五、感想

颐和园对公众开放一百周年纪念展的筹备，从启动到完成只用了四个多月的时间，质量和展陈效果如何，还有待观众评价。但作为筹展主持人，笔者对筹办这次展览和关于如何做好展览陈列工作谈几点感想。

1.学术研究是基础

文博单位展览陈列的宗旨是进行思想文化传播，旨在向观众传授文化、知识、艺术、观念和思想，因此必须进行充分的学术准备，使得展览陈列建立在扎实的学术研究基础之上，以达到揭示和深化展览主题的重要作用。国际博物馆界对展览一直高度重视，一个重要展览的筹备期一般都在三至四年甚至四到五年，国内较为规范的大型博物馆展览的筹备期一般也都在一到二年左右，主要是组织专业力量进行扎实的学术研究和提炼。否则，临时抱佛脚，追求短平快，展览的学术创新难有突破，陈陈相因甚至常识错误难以避免。此次"百年展"筹备之初，只有7万字的百年大事记的编年资料基础，认真审视就会发现，颐和园百年开放史很多方面的具体研究还是空白，比如百年来颐和园管辖地域、地产的增减变化情况，百年

消防头盔 （颐和园藏）

消防水枪 （颐和园藏）

来颐和园门票价格种类及变化情况，百年来颐和园租赁经营变化及收益情况，百年来颐和园的重要租赁者、参观者记录情况，百年来颐和园举办的大型群众活动情况，百年来的古建修缮、绿化养护及园藏珍贵文物保护情况等，都是不可能通过这几万字的大事记资料来还原和明晰的。颐和园百年开放历史资料的搜集、整理和研究仍然任重道远。

2. 展品搜集是关键

博物馆文化传播的特点主要是以形象化的实物展品资料为媒介，进行观点、思想、知识的传播，展品的丰富程度和质量高低直接影响到展览传播的效果和质量。在我看来，此次"百年展"最大的特色和惊喜可能就在于一大批实物展品的搜集和亮相。虽然与颐和园百年来的厚重历史相比，这些实物展品在数量和质量上仍然远不够丰富和连贯，但由于具有填补真空的意义，有可能打破一般人对这个展览平面化的预期。但是应该看到，颐和园开放百年过程中产生的物品十分丰富，信息量巨大，还是一个有待开垦的处女地。可喜的是，"百年展"的实物展品征集活动，得到了园领导的高度重视，刘耀忠园长充分认同文物征集对颐和园文化可持续发展的价值和意义，并提出了建立常态化的文物征集经费制度的设想。此后不久，便决定每年从颐和园运行费用中拿出 60 万元作为文物征集专项经费，虽然不多，但在颐和园历史上是开创性的。

3. 形式设计见特色

展览形式设计是一个再创作的过程，是在对展览主题和内容、展品及展览特定空间研究分析的基础上，运用形象思维，对展品和

展览一角（2014 年）

材料进行取舍、补充、加工和组合，塑造出能鲜明、准确地表达主题思想和内容的陈列艺术效果。好的形式设计不仅能准确和完整表达展览意图和内容，还能增强展览的观赏性、趣味性和亲和力，赋予展览以特色。一个富有特色的展览设计，要求策划人员不仅要有理解和把握学术资料和展品的学术能力，要有对展厅环境和设施条件的细致把握，还要具备熟悉展览传播规律及表现方式和手段的素养，是对展览策划和设计者综合素质的考验。这个展览中，筹展人员力图在较短的时间内对所有展陈相关要素给予尽可能全面的理解和深刻把握。

颐和园对公众开放百年展，是对颐和园波澜壮阔的百年开放史的一个富有历史深度的系统回顾与总结，对于颐和园社会价值的挖掘和弘扬具有重要的作用，无疑是一个意义十分重大的展览。文物部展览筹备人员对展览筹备在思想上高度重视，在园领导的大力支持以及园属各部门、离退休职工和社会各界的协助下，全力筹备，按时完成了筹展任务。希望能以此为起点，推动颐和园百年历史的深入研究和藏品的系统搜集整理。

2014 年 5 月 28 日完稿

"传奇·见证——颐和园南迁文物展"展厅（2015 年）

"传奇·见证——颐和园南迁文物展"策展记

　　2015 年 12 月底至 2016 年 2 月底，"传奇·见证——颐和园南迁文物展"于颐和园内的德和园扮戏楼展厅与观众见面。这是颐和园文物工作者为纪念中国人民抗日战争暨世界反法西斯战争胜利 70 周年的献礼，是对一段隐没尘封的颐和园史事的拂拭和凝睇，是向一种伟大的精神表达虔诚的敬意。

　　故宫国宝南迁，是几乎家喻户晓的中国现代文物保护史上的不朽传奇，反映了中华民族对自身文明所寄的历代珍贵文化遗物的珍视和护持。尽管时代环境和条件发生了天翻地覆的变化，在党中央提出"文化强国战略"的今天，无论对于文物专业工作者还是广大社会民众，这一精神仍然具有巨大的现实意义。

　　颐和园参加南迁的文物共计 2445 件，另含《图书集成》一部，计 528 函，它们是颐和园宫廷旧藏文物中的精华，是中华民族灿烂文化的珍贵实物见证，是故宫国宝南迁这部宏大史诗的重要篇章。但是多年来，这段光耀千秋的历史，一直静静躺在档案馆尘封的卷宗里，沉睡在颐和园展厅和库房中的部分北返文物中，默默不闻于世。

为了挖掘和揭示这段中国文物保护史和颐和园文物保护史上的重大事件，弘扬和传承优秀历史传统，继往开来做好新时代的颐和园文物保护管理工作，2011年至2013年，我带领颐和园文物部门的一批年轻人，怀着对历史的敬意，以严谨认真的态度，在北京市公园管理中心科技处的支持下，开展了《国宝大迁移中的颐和园文物调查》的课题研究，查阅了存于北京市档案馆、颐和园档案室中的大量原始档案资料，吸收了当前对故宫国宝南迁研究的最新成果，对颐和园文物参与国宝南迁的来龙去脉有了比较清晰的了解。在此调查成果的基础上，2015年初，我向刘耀忠园长请示，于年末举办一个关于颐和园南迁文物的专题展览，并出版一本文物图录。鉴于这是一个具有填补学术研究和文物展览空白意义的项目，因此被列入了颐和园2015年度重点文物展览和出版专项。

将研究成果转化为专题文物展览，还要经历一个艰辛的劳动过程，包括展览大纲撰写、文物挑选、摄影，再到展览设计、书籍设计编辑等，其中的重点是通过对照历史档案，在颐和园3万余件藏品中搜寻参与南迁的文物。根据历史档案记录，20世纪50年代，北返的近千件颐和园南迁文物进行了重新分配，其中拨回颐和园的文物为368件。由于距今时间久远，部分文物上的民国时期的号签缺失，也给文物的甄别判断带来了比较大的困难。通过努力，我们辨识出参与南迁文物近200件，并从中精选了70余件文物和历史档案，举办了名为"传奇·见证——颐和园南迁文物展"的专题展览。为期两个月的展览取得了很大的社会反响，不少学者专家对颐和园文物也参加过著名的故宫国宝南迁行动表示惊讶，很多观众表

颐和园南迁文物之一：清乾隆粉彩百鹿尊　（颐和园藏）

颐和园南迁文物之一：清乾隆青金石御题翠云岩山子 （颐和园藏）

展览一角

示对颐和园的价值增添了新的认识。同时，我们精选 140 件（组）文物及自己的相关研究成果成书，希望能够给社会和后世留下我们这一代文物管理者对颐和园文物参与国宝南迁历史的研究和解读，填补了学术空白。相信在我们这个团结、严谨、向上的集体的共同努力下，今后一定能做出更多内容丰富的展览，出版更多具有学术价值的书籍，国宝南迁精神必将在新一代的颐和园文物工作者身上赓续传承！

2016 年

"园说——北京古典名园文物展"海报（2019 年）

"园说——北京古典名园文物展"炼成记

  在八百多年的历史长河中，北京的古典名园与历史兴衰同步，塑造了不同时期的都城风貌，见证了壮阔的社会发展进程，印证了国弱则园衰、国强则园兴的历史规律，是首都北京无可替代的文化遗产和无与伦比的城市特色。为了深入贯彻落实习近平总书记"让文物活起来"的指示精神，让历史"说话"，让北京的古典名园"说话"，生动揭示以颐和园、天坛等为代表的北京古代皇家园林和坛庙在北京城市发展中不可或缺的重要地位和深厚文化，集中展示首都古典名园丰富精美的文物藏品，并向中华人民共和国成立七十周年华诞献上一份首都公园人的美好祝福，由北京市公园管理中心和首都博物馆主办，辽宁省博物馆协办，颐和园、天坛公园、北海公园、中山公园、香山公园、景山公园、北京植物园、北京动物园、陶然亭公园、紫竹院公园、玉渊潭公园 11 家北京市属公园和中国园林博物馆承办的"园说——北京古典名园文物展"，于 2019 年 5 月 18 日在首都博物馆隆重开幕。开展之后，观者络绎，好评如潮，展期从三个月延长到五个半月，对广大观众增强对首都古典园林在北京城市功能中的地位及其重要的历史、文化、生态和社会价值的认识了解发挥了积极的作用。

一、立纲

　　展览大纲对展览是统领性的，纲举才能目张。展览的主题明确后的首要工作是编写和确立展览大纲，明确展览的范围和分类，理顺展览的叙事层次和结构，深化展览的目的和意义。园说展的主题就是展示以颐和园、天坛公园等 11 家市属历史公园为代表的首都古典名园深厚的历史文化内涵，以及在北京都城发展历程中的重要历史地位、多元功能和文化价值。但是，展览如何结构和分类？以什么顺序来讲好故事？是大纲要面对和解决的一件需要理论思考和学术探索的工作。首先，要明确展览的内容范围，毕竟北京市公园管理中心下辖管理的只有市属 11 家历史名园和园林博物馆，并不是所有的北京历史名园，可以有所扩及，但不可能囊括北京历史上和现存的所有历史名园，精力和管理体制也不允许我们做到面面俱到。其次，关键是以什么结构叙事？有同事提议以文物展品的材料质地分类，这种分类简单易行，便于操作，是以文物类别为主体的叙事结构，突出的是文物展品本身的工艺特点和价值；第二种方式是以公园为叙事主体，我在 2013 年曾经为中国园林博物馆开馆策划过一个"蕴奇藏珍——北京历史名园文物精品展"，基本以公园为叙事单元，这种结构也较为简单，有利于凸显各个公园文物藏品的特色和公园的功能地位，缺点是整体上比较碎片化。第三种讲述方式则是站在北京八百多年都城史的高度，将历史名园置身于北京都城建置和发展的历程中予以定位和讲述，对历史名园与都城建置的关系和作用挖掘和说明，无疑会大大增加展览大纲的学术深度和实现难度。

在专家论证会上，专家否定了前两种简单化的大纲结构意图，明确希望要以第三种思路，从更高的定位上讲好历史名园的故事，展现历史名园在北京城市中的重要地位和多元功能。于是，展览筹备组背水一战，进行了多次的集中研讨，最终设置四个展览单元，第一单元定名为"平地山海，溯自辽金"，讲述中轴线上的北海公园、景山公园和中山公园，不仅是距离紫禁城最近，北海还是现存最早的皇家园林，是北京建都的起点性地标；第二单元定名"坛庙相望，天人合一"，讲述以天坛、地坛和日月山川坛等坛庙园林的功能地位以及体现"天人合一"思想的祭祀礼乐文化；第三单元定名"三山五园，移天缩地"，讲述颐和园、圆明园、静宜园等三山五园的历史沿革和功能，以及辉煌园林艺术成就，附带了出都城，经现在的动物园（当年的乐善园和畅观楼行宫）、紫竹院公园（当年的紫竹禅院行宫），直到三山五园的长河文化景观；第四单元定名"百年公园，旧貌新颜"，讲述从清末民初原皇家建筑逐渐作为公园开放，直至新中国成立后一百余年来首都公园事业的发展，特别是党的十八大以来北京公园在文物保护、生态维护、服务民生等领域的巨大成就。这个大纲结构，立意高远，学术性强，融合度高，富有创新，相当于一个展览看下来经过了时间和空间的两条路线：时间上从辽金时期的北海，经过明清时期的"七坛八庙"和"三山五园"，再从百年前的第一个公园开放直到今天；空间上从紫禁城旁侧的三海御苑、"左祖右社"、背后屏山，经过城内外的坛庙建筑，沿西直

展览局部（一）

门外长河直到颐和园、圆明园乃至更远的香山静宜园、卧佛寺等。时间上从远到近，空间上从中心到郊外，处理得非常巧妙与合理。再辅以展览设计手段的分割与联系，给观众造成了起承转合、时空转换、步移景异的观展感受。

形成展览大纲的过程也是一个斟词酌句和学术转化的艰苦过程。比如对展览主题名称，所有人员以至各级领导，都一直为找一个准确而响亮的名字绞尽脑汁：名园耀京华、园粹、说园，等等，起了至少十几个都不甚满意，直到最后在向卢彦副市长汇报时张勇主任提出了"园说"作为展览主名称，顿时所有人觉得找到了最恰

展览局部（二）

当的表达。"园说"，出自明代计成《园冶》这部中国最伟大的造园学专著，是其开篇第一节的章节名称。以"园说"为展名，既通俗，又渊雅；一方面是对习近平总书记"让文物说话"思想的贯彻落实，另一方面也是对中国古代造园理论经典的致敬和传承，体现了中国造园艺术的深厚底蕴，完美诠释了让园林说话、讲好园林的故事的展览主题，堪称是画龙点睛的神来之笔。

二、择物

展览中的 190 件（套）文物是从市属 11 家历史名园和中国园

林博物馆所藏的7万余件藏品中精选出来的。观众也许要问，从7万多件（套）藏品中挑选出190件（套）展品不是很容易吗？挑选的标准是什么？可以说并不容易，相当不容易！一个好的展览绝不是文物展品的堆砌，而是一个话语的体系；既要考虑到文物展品的代表性和观赏性，又要考虑到文物展品的系统性和多样性；既要表现从辽金元明清到民国时期以及新中国成立七十年来的历史沿革性，重点突出颐和园、天坛公园等世界文化遗产单位的丰富精美的文物展品，又要有覆盖到每一家公园的广泛性，对北京市公园管理中心所辖的11家历史名园和中国园林博物馆，扩而展之到地坛、先农坛、日坛、月坛等坛庙园林和玉泉山静明园、圆明园等三山五园，依据其历史地位、功能和藏品状况，尽可能比较系统与合理地予以展现；既要体现园林和文物学术研究的新成果，又要去挑选"有故事"的文物……这就要求策展人员对北京的古典园林发展史和园林艺术史，对每一个公园的每一件文物藏品，都要有相当的了解和认识，并能够从北京公园发展史的整体和宏观的高度及广度上去系统挑选文物并排列好每一件文物展品的位置。

北京市公园管理中心所辖公园的藏品分布很不均衡，颐和园和天坛公园两家加起来就占了5万余件。这两个公园的文物挑选就相对容易得多，比如天坛公园的各类清代瓷玉坛庙祭器，成套的编钟、编磬等，很成系统，不仅可以表现天坛的历史功能和价值，连日坛、月坛、先农坛、历代帝王庙等所谓"七坛八庙"的都有了；颐和园更不成问题，历代宫廷旧藏青铜器、瓷器、玉器、家具如商代三牺尊、乾隆云龙纹大玉瓮、紫檀嵌珐琅云龙纹大罗汉床、巨幅缂丝佛

商兽面纹三牺尊（颐和园藏）

像和慈禧油画像等，可以做到精中选精。颐和园和天坛丰富而成体系的文物精品，奠定和保证了展览的基础和品质。

　　但其他公园的文物挑选便比较困难。大部分公园文物并不多，有的公园即使有部分藏品，但大多为建筑构件、残碑断碣、历史档案和现当代书画作品等，展览筹备组在各公园专业人员的协助下，努力挑选具有代表性和说服力的展品。如景山公园，文物账册上只有两件明清铜制投壶，是一种宫廷体育游戏用品，根本无法说明景山在北京都城布局中的地位。景山是紫禁城的镇山和中轴线上的一个制高点的地位如何体现呢？我们将景山制高点万春亭上的清代琉璃宝顶作为展品，这件宝顶体量巨大，原位于万春亭中间最高处，

天坛祭器　（天坛公园藏）

万春亭宝顶 （景山公园藏）

是清代修缮万春亭时的建筑构件，1938年被雷击受损，裂为横竖数块，第二年以多枚铁锔子锔上继续使用，直到2005年再次大修时因破损严重才予以替换，后一直保存于公园的库房之中。这件真正的北京中轴线上的巅峰之作，有力地说明了景山的独特地位和价值。展览也唤醒了这件建筑残件的文化价值，在首都博物馆后来举办的北京中轴线展览中，这件宝顶再次作为重要展品被借展。中山公园、陶然亭公园也是如此，基本没有能够反映其早期建置历史的藏品，只好付之阙如。但我们在展览的最后一部分各挑选了一方民国时期的碑刻：中山公园的"行健会刊石记"碑和陶然亭公园的"陶然亭都门胜地"碑，以表现民国时期两个公园对公众开放和开展社团活动的历史功能。

三、识物

　　支撑展览仅靠代表性的文物精品是不够的，要想系统展示北京古典园林八百多年的历史变迁过程和文化价值特点，弥补展品系统的缺项，展览工作组不仅要熟悉和了解各公园提供的在册藏品，还要到各公园进行深入的调研、了解，乃至发掘、考证那些身份未明、"语焉不详"的在册藏品，以及还未列入文物清册的"疑似"文物，以串联和填补整个展览链条中的缺环和空白。

　　比如北海公园，是北京乃至中国历史上现存最古老和保存最完整的皇家园林，在北京城市发展史上占有重要地位，是北京古典皇家园林的起点和开端，按照大纲设想理应在展览开篇的部分给予重点的展示。但无论是其园藏的宋金艮岳遗石、元代渎山大玉海、铁影壁，还是明代石雕影壁等，都因为体量太大无法入展而弃选，其他明代以前的文物藏品一件没有，造成整个展览开始部分即是空白的困境。

　　为了寻找反映早期北海历史的实物展品，我们几次到实地交流和调研，试图找出些意外的收获。终于，在团城承光殿内，我发现悬挂有类似乾隆御笔"黑漆金字一块玉"形式的诗文匾十三方，形式古朴，制作精良，书法流畅，与颐和园中的几方乾隆御笔匾额极其相似。我问北海公园研究室的同志这些匾是否是清代遗物，告知这些匾额没有进行过断代和鉴定，推测有可能是北海公园开放后不知何时仿制的，所以在文物账册上没有登记。我仰头仔细观看这些匾额，内容都是题咏团城和承光殿景物的御制诗，典型的乾隆笔体，其中一首诗写的是：承光匪自今，建置溯辽金……大意为：北海的承光殿不是现在才有的，它的建置可以追溯到辽金时代。诗句落款处还有一白一朱两方印章："古稀天子之宝"和"犹日孜孜"，这也是经典的乾隆御用玺印。我顿感眼前一亮：这不正是借乾隆之口说明了北海悠久历史的有力证物吗！但有一个问题在展品说明中是不可回避的，就是这些匾额的制作年代，是清代？民国？还是新中国成立后？它们究竟是不是1925年之后北海作为公园对社会开放之后为了丰富展览效果而依据乾隆御制诗等史料创作的呢？如果是很晚近的新制品，其说服力就不具备了！

为了弄清匾额的年代，我查阅北海公园的相关史料，在适园主人李景铭于1924年完成和首版的《三海见闻志》中找到了答案。入民国后，中南海成为政府机关办公地，北海则在1925年后陆续开放为公园。李景铭在民国初年曾出任北京政府财政部赋税司司长，1924年在财政整理专门委员会任职，财政整理专门委员会的办公地即在南海涵元殿北的香扆殿附近。李景铭在上下班的途中，或工作余暇，常漫游三海之中，"偶过一树一石，一亭一榭，必下车探访，披荆斩棘，考其旧迹，默记小册中"，三个月写成此书。在该书卷三谈到承光殿内，明确记道："殿之四面，悬御笔草书匾额颇多，兹分录之，一云：'承光匪自今，建置溯辽金……'跋云：'壬寅新正之月上瀚御题'……"李景铭在书中所记第一方乾隆御题诗匾便是此匾，由此可知此匾民国初年未开放时便存在，而此时民国政府初创，不可能有兴趣去创制乾隆诗文匾额；同样，清朝晚期财力竭蹶也难有此雅兴。因此，我判断这些乾隆诗文匾额就是乾隆时代的遗物。于是，我将这方匾额作为重要的展品纳入展线，再

承光殿乾隆御诗制匾　（北海公园藏）

配合上一些文字史料和拓片资料等，来反映北海的早期历史，起到丰富形式和深化内容的良好作用。

再如紫竹院行宫，是当年清代皇家乘船由玉河来往颐和园的中转休息的地方，不仅反映紫竹院公园这个公园个体，也是北京大运河文化带上的一个重要节点，在展览中理应有一席之地。但是，和行宫相关的文物藏品基本是空白，在实地调研中，我们发现只有一件具有清末民初风格的木雕花穿衣镜是个具备上展条件的老物件，但藏品信息不详。紫竹院公园藏品管理人员介绍说，此穿衣镜来历并无记载，有"慈禧穿衣镜"的口耳传闻，但是紫竹院行宫在民国时期也曾屡被出租与达官富商，也有可能是他们留下的。如果这件穿衣镜是民国后的物品，就不能用来说明与清代长河行宫的关系。因此，弄清穿衣镜的时代究属晚清还是民国时期这样一件正常看来也许并不重要也不必要的事情，对于在此次展览中表现紫竹院公园的历史地位就显得非常关键。我有印象在清末老照片中看到过此类镜子，我翻检相关图录，果然发现了几幅清末皇族女性和此种穿衣镜的合影，其中比较有名的一幅是肃亲王善耆的福晋赫舍里氏于1904年拍摄的。这张照片具有清晰的来源，它是由赫舍里氏本人赠送给当时的美国驻华公使夫人萨拉·康格的。康格夫人在照片的背面注明了像主的身份，以及拍摄地点是"肃王府"，并写道："她穿着礼服去给太后和皇帝拜年。"从此可以明确断定此类穿衣镜的时代以及身份。当然也不能完全排除这种镜子是当时照相馆提供的，因为其他同时代题材照片中的镜子与此相差无几，但也至少说明此种穿衣镜与清末宫廷并不违和。上展线后，这件藏品引起了观众的浓厚兴趣，较好地诠释了紫竹院行宫的历史价值。

诸如此类，挑选和辨识文物的过程中还有很多这样的艰苦、曲折和收获。可以说，展览中的每一件文物展品的选择，都凝聚了策展人大量艰苦的学术劳动以及对北京古典园林的历史、文化和价值的深入理解，也因此在文物展示的逻辑性、系统性、艺术性、观赏性、学术性等方面获得了各界观众的充分肯定。

肃亲王福晋赫舍里氏照片

清代硬木穿衣镜 （紫竹院公园藏）

四、合力

展览的举办是合力的体现。各级领导对展览举办给予高度重视，卢彦副市长两次专程听取展览大纲和设计方案汇报，要求讲好园林故事，深化展览内容，确保展览质量，对展览名称、展品等细节亲自给予指导；北京市公园管理中心将展览列为年度重点项目，党委书记、主任张勇先后三次召开专题会听取展陈工作阶段汇报，明确展览工作机制，审核展览主题，确定大纲结构，为展览工作的有序开展定向把舵，安排资金，抽调精干专业力量，组建策展团队，协调统筹推进所属各公园和单位全力配合；公园管理中心副主任张亚红亲自负责，先后召开了九次业务会，从文物挑选、大纲结构确定，到展览设计、文字图表审核，亲力亲为；中心服务处处长缪祥流、副处长温蕊居间统筹协调各单位积极配合；我带领的以颐和园文物部副主任隗丽佳、科员张利芳、张若衡等为核心的展览工作组，以饱满的工作热情和严谨的学术态度，全力投入，研磨展览大纲，拣选文物展品，撰写展品说明，指导形式设计，组织文物运输，统筹展览施工和文物布展，经过七个月紧张的工作，不断深化展览大纲和优化展览形式设计，文字大纲反复锤炼修改了十余稿，展览形式设计方案则反复更多，有的区域如序厅部分则前后做了十七稿方案；展览的筹划和施工，还得到了北京园林研究专家、北京城市研究学者、博物馆学者的热诚指导；展览的施工和布展获得了首都博物馆和各公园同行的大力支持；文物的挑选工作到最后一个月还在进行调整和增减，又经过一个多月紧张的现场施工和一个星期的文物包装运输和布展，最终完成了展览策划和布置等工作，如期顺利对公众开放。

五、记录

　　展览毕竟是短期的，将展览作为成果固定和延续，以图录的形式记录下来十分必要。按照计划，出版一本既汇集了展览文物，又具有园林文化阐释深度和学术参考价值的精品图录，定名为《园说——北京古典名园文物珍萃》。我带领颐和园文物部副主任隗丽佳、科员张利芳和研究室张鹏飞等组织文物摄影、开展史料搜集、文字撰写，对图集文字和设计进行了细致的版式设计审校；承担图录出版工作的文物出版社社长张自成和副总编辑刘铁巍高度重视，委派冯冬梅为责任编辑、孙之常为摄影师，聘请李猛工作室承担整体装帧设计工作，务求高标准，出精品；北京市公园管理中心主任张勇、副主任张亚红和首都博物馆党委书记白杰亲自关心和审阅书稿，提出完善意见。为了保证图录设计的质量和艺术效果，我多次组织召开设计会，逐页商讨修改和完善。李猛是一位非常有才华的版面设计师，能够坚持自己的设计风格和立场，同时也善于理解我们提出的修改要求。设计风格大气、典雅，内容丰富精彩。由于大量文物都是首次亮相和精挑细选，加之设计新颖，因此该书既具有艺术观赏性和视觉冲击力，又有很强的学术价值。图录于 2019 年 10 月如期出版，2020 年，在由中国编辑学会组织的第二十九届"金牛杯"美术类图书评审中，《园说——北京古典名园文物珍萃》在数百本同类图录中脱颖而出，荣获金奖。

《园说》系列图录

　　千淘万漉虽辛苦，吹尽黄沙始到金。"园说——北京古典名园文物展"的成功举办，凝结着北京市政府、北京市公园管理中心各级领导、园林和文博专家、博物馆界同行的热诚关怀和大力支持，体现了首都园林工作者高度的政治责任感和团结协作的工作作风，展现了北京市公园管理中心各级领导和各公园文物工作者良好的统筹组织能力和精益求精的专业态度，成为"园说"系列展览的开端，书写了新时代首都园林界文物保护管理事业新的篇章！

2019 年 8 月 31 日

"'玉'见生机——中国古代动植物题材玉器展"海报

"'玉'见生机——中国古代动植物题材玉器展"策展记

2022 年初，在全国人民迎接即将召开的党的二十大的喜庆氛围里，颐和园博物馆也迎来了挂牌后的第一个年头。2021 年 9 月 28 日，已经建成开放 21 年的颐和园文昌院挂牌更名为颐和园博物馆，这是北京市公园管理中心和颐和园管理处贯彻落实习近平总书记"让文物活起来"思想的有力举措，以及对国家级"三山五园文物保护利用示范区"建设和北京市"博物馆之城"建设的积极响应。作为新挂牌的颐和园博物馆的馆长，我首先面临着的一个紧要工作就是策划一个什么样的年度首展，既能体现发挥自身馆藏文物优势和特色，体现颐和园博物馆的品质和视野，更重要的是，还要展现出颐和园文化遗产守护者对党的二十大胜利召开的热烈企盼和美好祝愿，反映新时代实现中华民族伟大复兴的深厚历史文化底蕴。尽管从开始谋划到年初开展只剩有三个月的时间，同事们或不免面有难色，我坚持认为，只有达到这些目标，才是一个合乎"天时、地利、人和"的年度首展。

其实，有一个想法已经萦绕脑际，只是还欠打磨。古代玉器，是中国传统文化中历史最为悠久独特、生生不息的文化载体和文化

宋代　白玉鹿　（颐和园藏）

符号，深刻反映了中华民族的哲学思想、道德观念、民族性格、美
学标准和工艺特色等；颐和园藏古代玉器有 1600 余件，是国内收
藏明清宫廷玉器重镇之一，品类丰富，工艺精湛，其中不乏巨制重
器；颐和园举办玉器专题展也有一定的经验，特别是 2018 年与中
国人民大学清史研究所合作举办了"御宝璆琳——清宫旧藏玉器
展"，共展出明清宫廷玉器精品 93 件，在文博界产生了良好的反响。
在那时，我与展览的共同策划人——清史研究所副所长刘文鹏教授
及其学生李瑞丰博士，就有一个意犹未尽的想法和约定，将来再合
作举办一个古代玉器的专题展览。对于展览的范围和内容，通过对
明清宫廷玉器乃至古代玉器的梳理，我们也有一些初步的共识，我
们感到动物题材在中国古代玉器中或许是一个历史最为悠久、最为

宋代　黄玉貘　(中国人民大学清史研究所提供)

普遍常见、艺术表现力最强的一个类型，集中和生动反映了几千年来古代中国人对自然界动物从敬畏到驯服的如影随形的过程，以及尊重自然、热爱生命、天人合一的思想观念。我想，以颐和园和人大清史所的力量及以往合作的经验和模式，具备办好这样一个展览的基础。

　　我就办展思路与刘文鹏教授及李瑞丰博士沟通，双方立即一拍即合，相约分头推进，我带领颐和园博物馆与颐和园文物管理科的同事，先对颐和园的动物题材玉器藏品进行全面梳理，挑选展品；文鹏教授与瑞丰博士亦如是。很快，双方的动物题材藏品目录和照片初步整理出来，动物题材的玉器非常丰富，但是我们也发现了一个有意思的现象和划分标准的困惑，那就是很多动物题材玉器都组

清乾隆　黄玉狻猊 （颐和园藏）

合有各种植物的纹饰，甚至植物纹饰成为构图主体，动物纹饰成为植物的配角和点缀，这一类是选还是不选？不选，确实有动物形象；选了，似乎又有些跑题！这一发现倒让我眼前一亮，豁然开朗：何不扩大范围，做一个动物与植物题材的古代玉器展呢？一是解决了部分藏品动植物混一的问题；二是扩大了展览规模，更重要的是，主题更加完整和深化，既然动物与植物构成了人类生存的主要外部世界与环境，动植物题材的玉器不正是反映了古代人对自然界"鸟兽草木之迹"的观念与态度吗！文鹏教授和瑞丰博士对此十分赞同。于是，原来设想的动物题材玉器展扩大成为动植物题材玉器展。

　　主题的确定，为挑选展品明确了方向和范围，颐和园博物馆与清史研究所按照这一主题分头工作，共初选出三百多件从文化期至清后期的动植物题材玉雕作品。为了确保展品断代精确和展览的学术、艺术质量，我们邀请了故宫博物院的著名玉器专家张广文研究员、首都博物馆原保管部主任武俊玲研究员和张彩娟研究员三位专家来馆共同对初选展品一一上手过目，鉴定评判，最后从中选出225件作为上展展品。三位资深玉器专家的现场把关，为展览的学术和艺术水准提供了重要保障。

此次展览所选225件玉器上至商代，下讫清末民初；从展品的玉器材质看，反映了中国传统的"美玉"范畴，除了白玉、青玉、碧玉、青白玉、黄玉，还有青金石、绿松石、珊瑚、翡翠等，体现了古人的玉乃"石之美者"观念。考虑到颐和园博物馆藏玉器的特点和优势，也为了更好地体现展览的艺术性与通俗性，对于学术性较强的上古和三代玉器没有多予拣选，而是选取了两件商周秦汉玉器作为代表，以下宋辽金元明时期玉器39件，清代玉器183件（以乾隆时期为主），民国时期玉器1件，总体以明清宫廷玉器为主体，既基本贯穿了商代以后中国三千多年的玉器发展史，又突显了展品的宫廷品质。为了弥补中古玉器的不足，我向北京艺术博物馆王丹馆长提出提供展品联合举办该展的建议，得到了王馆长的大力支持，很快提供了供挑选的文物清单，从中选取了5件有特色的辽金元时期的小件玉雕，充实了中古部分的表现力，也使得展览的文物数量增加到230件（套），达到一个中型文物展览的规模。

从展品看，反映了非常丰富的古代玉雕中的动植物形象，具有一定的系统性和代表性。在动物题材玉器中，有各式龙17件、螭龙9件、凤凰11件、螭凤1件、龙凤3件、虎2件、鹿5件、獾2

清乾隆　白玉瑞狮戏球摆件（中国人民大学清史研究所提供）

件、貘1件、仙鹤6件、獬豸3件、（龙）马3件、饕餮8件、狮子5件、鹰熊3件、鳌鱼2件、蟾蜍5件、象4件、狻猊1件、鹦鹉3件、麒麟3件、羊8件、骆驼2件、鹅4件、凫鸟2件、鸠鸟1件、喜鹊2件、鸳鸯5件、鹭鸶1件、犬4件、猴7件、公鸡1件、牛7件、鱼8件、绶带2件、猫1件、猫戏蝶1件、蝴蝶1件、螳螂1件、天鹅1件、鹌鹑1件，共计有41种动物形象。自原始文化时期至明清以来，动物题材玉器在中国玉文化中一直占据长盛不衰的重要地位，并随着历史文化的演进而具有不同的特点。如史前时期的神秘深邃，商周时期的抽象凝重，两汉时期的灵动大气，此时的玉雕动物尚以沟通天人的神玉、礼玉、葬玉功能为主，艺术风格充满了写意与夸张的雄奇之风。唐宋以后，动物玉雕全面走向写实性风格，能够攫取最能表现动物生动细节特征的部分，达到了生动传神的艺术境界。至明清两代，动物题材在玉器的写实手段更加逼真和繁复，玉材质量和打磨工艺更趋极致，把玩性与观赏性达到了中国玉雕工艺的顶峰。如此丰富的古代动物题材玉雕文物集中展出，在文博界还是不多见的。

在植物花卉题材中，有各式松 1 件、松梅 1 件、松竹梅 1 件、莲荷 8 件、西番莲 1 件、菊 1 件、兰 1 件、梅 1 件、灵芝 1 件、玉兰 4 件、牡丹 2 件、莲蓬 5 件、豆荚 2 件、佛手 4 件、蘑菇 2 件、木瓜 3 件、葫芦 3 件、灵芝 4 件、石榴 2 件、柿子 3 件、桃 12 件、三多（佛手、桃、石榴）4 件、菱角 1 件、白菜 1 件，共有 24 种植物和植物果实形象，大小不同、神态各异、组合变化，各尽其美，琳琅满目。中国古代植物花卉题材玉器的真正形成自隋唐开始，比起动物题材玉器起初就少了"神灵气"，是玉文化世俗化的产物，并在不同的历史时期形成了鲜明的时代、地域、民族等艺术特色，如隋唐之簪花梳篦、辽金元之春水秋山等。至明代特别是清代，玉器的观赏性与实用性进一步融合，植物题材的杯、盘、瓶、盒等文房器、插屏、山子等陈设器推陈出新。植物题材玉器吸收了中国古代雕塑与绘画的艺术营养，能够巧妙处理空间、结构、虚实等关系，采用浮雕、圆雕、镂空、线刻等多种形式，以炉火纯青的工艺技巧和图必吉祥的文化寓意为中国玉文化宝库增添了新颖别致的表现形式。

文物展品基本选定后所显现出的丰富性和系统性，也增强了我对展览品质的信心，但一个展览的品质并不可能只是通过精美丰富的展品自然显现出来，而是必须对展品进行深入的研究、分析、挖掘，梳理展品内在的规律和特点，系统性呈现和释读其深藏的文化内涵，因此，提炼大纲文字、展览单元和展览主题的工作尤为重要。我组织颐和园博物馆常务副馆长周尚云、副馆长卢侃带领两位新入职的文博硕士研究生段润宇、杨川组成小组进行大纲文字的撰写，最后由我总其稿。在小组多次研讨和前期工作的基础上，我将原来的展览结构由动物篇和植物篇两个单元细分为五个单元，第一单元名为"龙飞凤舞"，表现龙和凤这两种中国传统文化中被"神化"至最高等级的动物形象；第二单元为"瑞兽灵禽"，表现中国传统文化中龙凤之外其他大量被赋予"神性"和"祥瑞"的各种走兽飞禽；第三单元为"家豢天养"，表现的是大自然中与古人和谐共生的各种鸟兽虫鱼等；第四单元为"贞木美卉"，反映的是自然界中被人们赋予了各种美好寓意的乔灌花木；第五单元为"时蔬佳果"，汇集的是各种亦具有美好寓意和寄托的各种植物果实等。结合动植物题材玉器的独特文化内涵，我将展览的主题定名为"'玉'见生机：中国古代动植物题材玉器展"。"玉"，为"遇"之谐音，"玉"见生机，不仅是赞叹欣赏中国古代工匠将动植物的生机活力倾注入坚硬的玉石材料中的非凡工艺和美好寄托，向绵延数千年的中国古代玉文化致敬，同时也是向我们所处的这个文明传续复兴和文化繁荣发展的伟大时代致敬，向即将召开的党的二十大献上一份颐和园文物工作者及首都文物和文史工作者的美好祝愿。

展览的举办得到了各级领导、同行的热情支持和广大观众的充分肯定。2022年1月28日上午，展览对游客开放，中国博物馆学会理事长刘曙光，北京市文物局二级巡视员刘洪昌，北京市公园管

清光绪　红珊瑚雕"渔樵耕读"摆件　（颐和园藏）

理中心副主任张亚红，北京市博物馆学会会长刘超英，中国人民大学历史人文学院院长朱浒、清史研究所副所长刘文鹏，北京市艺术博物馆馆长王丹、副馆长张巍，北京市公园管理中心服务处处长缪祥流以及颐和园管理处党委书记、园长杨华共同见证了展览的开幕。领导和专家们用"炫富""豪华"来形容展览的规模和品质。展览展期共72天，接待观众7万余人，新华社、中新社、北京电视台、北京日报、北京晚报等12家媒体进行了报道，各类报刊转载报道2736条，电视报道316条，网络传播超过20万次，取得了良好的社会反响。

这个展览还有相当的学术研究价值，通过欣赏按照时代和题材分类排列的丰富展品，我们可以比较几千年来不同时代各种动植物形象流变的特征规律，可以发现古代玉器使用功能的时代变化，可以感受不同时代的玉器审美情趣和工艺特点。在展览初期展品分类的过程中我就有一个有趣的切身感受，就是动植物题材玉器在汉唐之前是很好划分的，基本动物就是独立的动物形象，如龙是龙，凤是凤，羊是羊；宋元以后特别是明清时期，动植物题材玉器越来越难以划分，动物雕塑也越来越多加入了植物形象，植物纹饰也会加入动物形象，如凤口常衔桃，羊嘴叼灵芝，鹭鸶要卧莲，莲叶负青蛙，桃子配蝙蝠等等，呈现出你中有我、我中有你的特点，特别是一些新的玉雕品种如山子、插屏、笔筒文房等，更是将动植物、山水、楼台、人物等汇集一身，这显示出随着时代的演进，中国古代玉器越来越褪去了"神性"的色彩，呈现出艺术化、世俗化、图案化的特点。当然，也并非没有缺点和不足，由于时间、场地等条件制约，这个展览总体上偏重于明清宫廷玉器，特别是高古动植物玉器一带而过，中古方面也还稍显薄弱，如果高中古方面再丰富充实一些，中国古代动植物题材玉器的产生、变迁的演变过程就会呈现得更加完整和清晰，这个展览的厚重性和学术价值也将大大提高，我们愿意将此作为下一步努力的方向。

为了将这一展览的成果记录下来，并提供给广大的玉器文物爱好者、研究者作为观赏和进一步研究的素材，在各参展方的共同努力特别是李瑞丰博士的辛勤付出下，我们编辑出版了展览图录。李瑞丰博士师从英国亚洲古代艺术品专家 Roger Keverne 先生，多年从事中国古代艺术品相关研究工作，对中国古代玉器的研究和收藏情有独钟，造诣颇深。他不仅积极支持展览的合作举办，对于这本图录更是积极奔走、协调各方、筹集经费、统筹文字，付出了巨大心力。从李瑞丰博士以及参与这次展览的颐和园管理处、北京艺术博物馆等文博机构的年轻人身上，我们也能够深深感受到那种蓬勃不息的文物保护传承的青年力量。同时，五洲传播出版社热诚地承担了全部出版费用，中国文物学会单霁翔会长和世界知名玉器专家 Roger Keverne 先生专门为本书写了序言，九十高龄的文物大家傅熹年先生亲笔题写了书名，在此一并深致谢忱！

在展览的结尾，我写下这样一段结语：动植物题材玉器，是中国数千年玉文化的重要组成部分和精彩内容，反映了中华民族绵延不断的热爱自然、敬畏生命、尊崇美德、追求幸福的人生观和价值观，精益求精、坚韧不拔的精神品格，以及丰沛卓越的艺术想象力与创造力。时值实现中华民族伟大复兴的第二个百年奋斗目标的起步之年，及具有历史性意义的中国共产党二十大的召开之年，以此展致敬与赓续"君子比德于玉"和"艰难困苦，玉汝于成"的伟大民族精神。

2022 年 12 月完稿

颐和园文物菁华

THE SUMMER PALACE COLLECTION

五洲传播出版社
北京市园林局颐和园管理处编

《颐和园文物菁华》封面

《颐和园文物菁华》前言

　　中国古典园林的内外陈设布置是其园林价值的重要组成部分，陈设布置的内容、品位直接反映着园林的类型、功能及其主人的嗜好、素养和地位。随着时间的流逝，对于今天的现代人来说，古典园林的内外陈设都已成为珍贵的园藏文物。

　　提起北京西北郊的著名皇家园林颐和园（前身为清漪园），可能人们首先想到的是清波潋滟的湖光佳景、金碧辉煌的楼阁厅台、花木扶疏的松荫柳径，作为中国最后一个封建王朝倾力兴建的最后一座大型宫苑，颐和园继承了我国历代皇家园林的传统，又大量汲取江南私家园林的造园艺术菁华，在掇山理水、建筑布局、植物配置及借景效果等方面都达到了极高的成就，就连一向长于鉴赏的乾隆皇帝徜徉于万寿山昆明湖之间，也情不自禁地吟出了"何处燕山最畅情，无双风月属昆明"的诗句。或许颐和园风物太过美轮美奂和夺人神魄了，以致其重要组成部分之一的园藏文物的价值多少受到些许遮掩。颐和园园藏文物的绝代风华似乎还未为世人明了。

　　颐和园园藏文物，在有清一代被称为"陈设"。与颐和园的沧桑命运相依伴，园藏文物也阅尽世变，其增减损益正可折射近代中国的兴衰历程。清漪园时期，清王朝国势鼎盛，国库充裕，乾隆皇帝又精于鉴赏，对文玩多有搜罗，商周之铜器、唐宋元明之瓷玉及书画在所不少，加之专门制作和臣子进贡，当时著录的陈设多达4万余件，清廷内务府专门设立《陈设清册》，建档管理。鸦片战争后，由于清朝国力转衰，清漪园陈设有所裁撤，至咸丰五年（1855年）时实有陈设37583件。咸丰十年（1860年），包括清漪园在内的北京西北郊的五座大型皇家园林即所谓的"三山五园"，皆遭英法联军野蛮焚掠，百余年之经营，化为焦土。据英法联军劫掠后的清册载，清漪园各处陈设物品只剩有530件，而且多残破不整。光绪十二年（1886年），清廷开始重建清漪园，两年后改名颐和园，作为慈禧太后归政光绪后的"颐养冲和"之所。权倾天下、穷奢极侈的慈禧极力经营自己的安乐窝，八方珍宝源源流入颐和园。1900年，八国联军攻入北京，颐和园再遭浩劫，园藏文物又被毁掠一空。1902年，慈禧回銮北京，她不顾国势阽危，再次修复颐和园并大力充实园内陈设，以为常驻之地。当时颐和园文物陈设的来源主要有三：(1) 由宫苑各处调来；(2) 借举办慈禧万寿庆典专门制造；(3) 王公大臣敬献慈禧的寿礼。颐和园文物陈设又极一时之盛，是为现今园藏文物之基础。

新中国成立特别是改革开放后，颐和园文物得到了较为完善的保护。目前，颐和园园藏文物计有4万余件，品类涉及铜器、玉器、瓷器、木器、漆器、书画、古籍、珐琅、钟表、竹器、乐器、根雕、杂项等，几乎涵盖了中国传世文物的所有门类，并有不少外国文物；从价值上看，国家级文物有两万余件，其中包括虢宣公子白鼎、三

無量壽尊佛

清乾隆緙絲三世佛圖軸
（頤和園藏）

牺尊、缂丝长轴佛像图等国宝级珍品。作为晚清最高统治者重要的政治和生活舞台,颐和园是中国封建王朝最后一个大型皇家文物群落遗存。丰富精美的园藏文物是颐和园得以列身世界文化遗产的重要根据。

颐和园文物陈设与颐和园的山形、水系、古建、植被是不可分割的有机整体。古人云:陈设之于殿堂,有如内脏之于躯体。合则两美,分则两伤,失去了文物陈设的颐和园和脱离了颐和园的文物陈设都是不可想象的。所以,保管好颐和园文物,维护颐和园皇家园林氛围的历史完整性,是我们每一位有历史感的现代人义不容辞的职责。

同故宫、避暑山庄及圆明园皇家文物一样,颐和园文物尽管也是仅供封建君主少数人鉴赏把玩的奢侈品,但其中凝结的却是中华民族悠久的历史文明及丰富的智慧创造;与故宫、避暑山庄及圆明园文物相比,颐和园文物陈设又有独具的价值。在这几座皇家宫苑中,颐和园建成时间最晚,且是晚清实际最高统治者慈禧的常居之所。慈禧的至高无上身份决定了这些文物陈设代表了当时皇家园林陈设布置及晚清工艺制作的特色和最高水平;它所支撑的园内殿堂原状陈列,仍能够直观真切地反映清代特别是晚清皇家园林的历史风貌与生活氛围。这正是颐和园能够与故宫、避暑山庄及圆明园在历史文化价值上鼎足并立的原因所在。

故宫与圆明园文物早已为世人乐道,颐和园文物珍品虽然也曾走出园门,几度赴海内外展出并引起极大轰动,但由于以往各种条件的制约,颐和园文物总体上犹如养在深闺的美人,不为外界熟知。

值此颐和园建园 250 年之际，我们将部分有代表性的园藏文物以画册的形式推出，借以撩开蒙在颐和园文物头上神秘的面纱，让世人一睹其曼妙的姿容。

2000 年 8 月

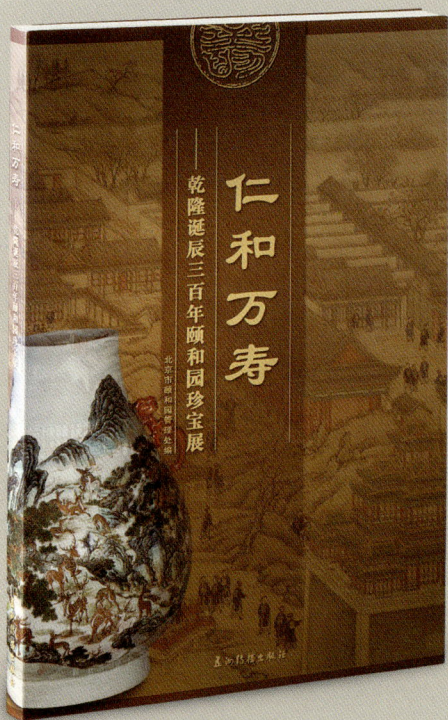

《仁和万寿——乾隆诞辰三百年颐和园珍宝展》书影

《仁和万寿——乾隆诞辰三百年颐和园珍宝展》前言

乾隆，名爱新觉罗·弘历（1711—1799 年），是清朝满族入关后的第四位皇帝。他二十五岁即位，当了六十年皇帝和三年太上皇，是中国历史上执政时间最久的最高统治者。对这样一位"文治武功"都号称极盛，开创了中国古代社会最后一个盛世——"康乾盛世"的顶峰，又标志着封建统治开始沦入无可挽回的衰落的"十全皇帝"，进行整体的历史评说无疑是一件困难的事情。这里只试图通过一个狭窄的视角，从乾隆所亲自筹划建造的一座伟大园林——清漪园（颐和园之前身）文物收藏的角度，展现一下这位历史人物的一个侧面……

清漪园是今颐和园的前身，始建于乾隆十五年（1750 年），竣工于乾隆二十九年，是乾隆为母亲崇庆皇太后庆祝六十大寿而建。以昆明湖和万寿山为主体的清漪园，总面积达 300 余公顷，其中昆明湖占全园面积的四分之三，有各式园林景观一百数十处。园成后，与在此之前建成的京西大型皇家园林圆明园、畅春园、玉泉山静明园、香山静宜园一起，组成了规模巨大的"三山五园"皇家园林集群。圆明园、畅春园为平地园，静明园、静宜园为山地园，唯万寿山清漪园大山大水、山水兼备，气势宏阔，成为乾隆皇帝最钟爱的皇家御园。游赏兴处，乾隆写下了"何处燕山最畅情，无双风月属昆明"这样咏赞清漪园的倾情诗句。

但乾隆修建清漪园的目的却不仅仅是"敕几余暇，散志澄怀"。这座园林，处处蕴含着他的美学思想，也时时倾注着他的政治情怀。"山水之间勤帝治，智仁以寓荷天禧。"乾隆的这句诗，即表达了他对"仁者乐山，智者乐水"这一儒家经典的深刻体认和在清漪园中出神入化的运用，以及对恪尽孝道的推崇和对勤政图治的追求。

乾隆是一位勤于政务和重视民瘼的古代帝王。在兴建清漪园之初的西湖拓展工程里，整理京郊水系是一项重要内容。经过这次治理，原本水患频发而又供水不足的京郊供水系统，变成为满足北京水运、农田灌溉和生活、园林供水的总枢纽，昆明湖成为北京城最重要的水源地。为了在游园时随机处理政务，乾隆在清漪园中修建了勤政殿，警示游园不忘勤政；为了体察农业季候丰歉，他在园林中兴建了大量的观农建筑如霁清轩、绿畦亭、怀新书屋等，可以在游园中实现对农情的观察和掌握。"玉带桥西耕织图，织云耕雨学东吴。水天气象略如彼，衣食根源每廑吾。"这是乾隆皇帝吟咏的清漪园耕织图景观的诗歌。勤政殿和耕织图等景观的建设，充分体现了乾隆皇帝将励精图治、重农促织和造园艺术三者进行完美融合的理想目标。

乾隆十分注重以各种宗教来推行政治怀柔与社会教化，清漪园中的大量建筑是宗教建筑，供奉的佛教、道教等各种神佛造像共有15120尊。月逢十五，有喇嘛来园念经祈福，帝后时来拈香。其中，

在宁波博物馆举办"仁和万寿——乾隆诞辰三百年颐和园珍宝展"

万寿山后的一组藏传佛教建筑称为四大部洲，是以西藏著名喇嘛庙桑耶寺为蓝本仿建，是佛教宇宙观的现实写照，反映了乾隆借助宗教巩固民族团结的政治意图。除了大量的各式寺庙佛堂，清漪园中还有龙王庙、蚕神庙、花神庙、五圣祠、文昌阁等。钟鼓梵音，香火氤氲，堪称神国仙乡。乾隆时期各种宗教的兴盛和融合，成为国家强盛、疆域稳定、民族团结的象征。

乾隆是一位中国传统文化的集中体现者，他学养深厚，嗜古精鉴，理政之余，致力于历代文物的搜集，网罗宏富，品质精绝；对所藏前代古物，他鉴定品评，会心独到，并让精于此道的朝臣分门别类，编为目录，经他审定后编印成书，如《西清古鉴》《宁寿鉴古》为古铜器目录集，《秘殿珠林》和《石渠宝笈》初编、续编和三编为历代书画目录集。可以说，乾隆朝所收藏的古代文物之富之精，达到了前无古人后无来者的境地。有人说：乾隆的收藏是帝王品位的最高表现，是对最稀有、最好的东西的历史性保存。同时，这一收藏和鉴赏也已经远远超越乾隆个人兴趣的意义，成为一次深深打上乾隆皇帝个人烙印的对中国古代历史文化珍品进行大规模系统整理的国家文化工程。

凭借雄厚的国家经济、文化实力，以及在乾隆本人的艺术修养和情趣雅好的推动下，各类艺术品的制作水平达到了中国封建社会的高峰，并形成了鲜明的博采众长、熔铸古今、质料佳美、工艺精湛的乾隆风格。这些乾隆朝的艺术品大都陈设在当时的皇家宫苑中，随时供乾隆鉴赏、把玩和品题。清漪园时期，各座殿堂中的各类陈设艺术品达四万余件，包括各类家具、书画、金银器、玉器、瓷器、书籍等，堪称是一座琳琅满目的历代艺术品博物馆。乾隆精通各项文人艺事，诗书画皆精，他自言"平生结习最于诗"，一生口不停诵，诗作达四万三千余首，接近了《全唐诗》的总和，尽管不少是脱口而作不暇锤炼之句，但也不乏清新佳作，尤其是以突出的纪实性堪弥补正史之不足，足称"以诗证史"的典范；在绘画上，由于政务繁忙，乾隆不做纤细的描写，而重以水墨简笔表达内在的精神气韵，并在周围集中了一群颇有成就的宫廷画家如钱维城、蒋廷锡、董邦达、郎世宁等人，时相切磋，不遑多让；在书法上，乾隆在学习历代大家的基础上，形成了自己刚柔相济、稳重华丽的独特风格，并用力更勤，手不停挥，在宫苑各处、大江南北留下了大量一望可知的乾隆墨迹。在他本人的带动下，他与周围文人高官和

青玉乾隆御题七佛钵　(颐和园藏)

宗室形成了一个空前绝后的高端文化圈，为后人留下了丰富的风雅佳话和文化精品，并深刻推动和影响了时代文化风尚。

1799 年，八十九岁的乾隆在太上皇的位置上寿终正寝。在政治上，这标志着一个中国历史上在位时间最久的皇帝和他所创造的盛世时代一同结束了，大清王朝已经走在了盛极而衰的下坡路上。而在文化艺术领域，乾隆时代所达到的高度成就却一直受到后世的赞叹、神往和追慕……

谨以此书，纪念乾隆诞辰三百周年。

2011 年 9 月

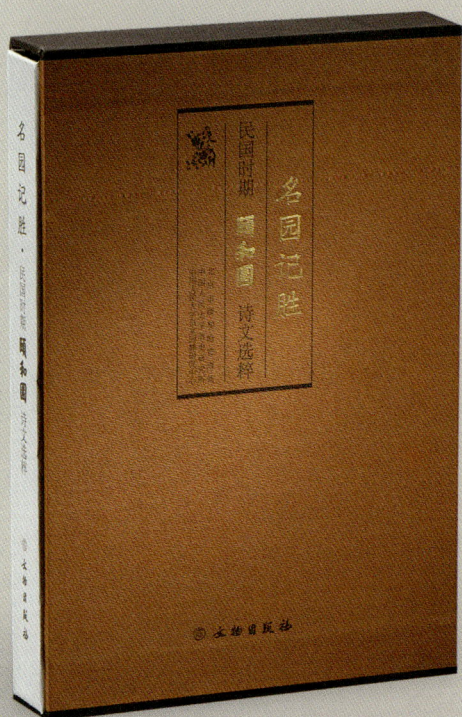

《名园记胜——民国时期颐和园诗文选粹》书影

《名园记胜——民国时期颐和园诗文选粹》序

"登山则情满于山，观海则意溢于海"，中华民族有着悠久的热爱山水风景，善于感物兴怀的文化传统，千百年来，文人雅士们流连佳景名胜，感怀世事人生，凡有名山胜水，皆被歌咏，留下了无数脍炙人口的篇什佳作。

颐和园位于北京西北郊，侧倚峰峦叠嶂的西山山脉，面朝碧波荡漾的昆明湖水，萃南北古典园林之精华，集传统造园艺术之大成，山水佳丽，楼台金碧。自盛清以迄民国，颐和园迭经历史风云变幻，见证过盛世繁华，也遭受过焚劫磨难。山水之音，盛衰之变，自然使之成为诗文创作的绝好题材，历代相关的诗、词、游记等创作源源不断，形成了具有独特文学价值、史学价值的文献集合。然而帝王时代，颐和园惟皇家可以独享，王公大臣亦以入而观游为特遇恩赏，为之赋诗属文也就基本成为帝王将相的专利。1912 年宣统帝逊位，中华大地进入新的历史阶段——民国时期，社会动荡，政府更替频繁，颐和园这座昔日的皇家园林也被融入进巨大的历史洪流中。在社会各界的强烈呼吁下，自 1913 年始颐和园逐步对外开放，1914 年 6 月正式对外开放，虽然此时的门票价格高达一元二角银圆，一般平民仍然无缘得入，但毕竟打开了禁园的大门。1928 年北伐胜利后，南京国民政府收管颐和园，后成立管理颐和园事务所，正式划归北平市政府直管。民国时期开放的颐和园为各阶层人士游览和文字创作创造了条件。

鉴于乾隆、嘉庆、道光诸帝咏园林的诗文已经结集出版，并在颐和园的学术研究中发挥了重要作用，而民国时期的颐和园诗文内容丰富、题材多样，既有对自然风光的赞叹，也有对人生际遇的咏叹，更有对家国命运、治乱兴衰的感叹，是对社会现实和社会思潮的集中反映，具有很强的文学价值和历史价值。然而从民国时期至今已过近百年，吟咏和记述颐和园的诗、词和游记又大都散布于各类文献，不易集中，在阅读、研究和利用上具有一定的困难。为此，北京市颐和园管理处与中国人民大学清史研究所合作，对近现代有关颐和园的诗文资料进行梳理和编校，精选具有较高文学水平和学术研究价值的作品形成一部《名园记胜——民国时期颐和园诗文选粹》。

诗文集包括文选卷、诗词卷，共收录散文游记 39 篇、诗词 110 首，以时为序，辅以图片，汇集成书。民国时期报刊业蓬勃发展，社会兴起办报浪潮，各类报刊如雨后春笋般出现，吸纳了一大批文稿，此外私人著述和地方史志中收录了不少名家诗文佳作。此次诗文资料的搜集来源多样，主要有报刊，如《学衡》《庸言》《东方杂志》《大公报》《辟才杂志》《新游记丛刊》《辽东诗坛》《民族诗坛》等；学校校刊与社团刊物，如《敬业学报》《崇实季刊》《中法大学半月刊》《南开大学周刊》《江苏省立第二女子师范学校校友会汇刊》

1940 年老照片

《浙江省立甲种商业学校校友会杂志》《重庆中校旅外同学总会会报》等；诗文集，如《林琴南文钞》《沧海诗钞》《泾献诗存》等；地方文献资料，如《（民国）海城县志》《江北县志稿（溯源～1949年)》《（民国）沈阳县志》《永嘉文史资料》等。

民国时期，社会风气开化，近代化旅游模式逐渐形成，随着颐和园开放程度的逐步扩大，更多的社会阶层能进入园内参观，在游赏之余产生的诗文也反映出更多层次的社会声音，集中体现了颐和园历史文化的多元性特征。这些诗文作者中既有文学家、诗人陈衍、林纾、陈中凡、胡朴安等；有书画家夏敬观、吴之英、杨令茀等；有国学大师、史学家王国维、吴宓、赵尔巽、柯劭忞、吴贯因等；有教育家严复、严范孙、王寿彭；有革命家李大钊等；有实业家

1941 年老照片

关赓麟、张孝若等；有政客、军阀吴佩孚、汪精卫等，也有纯粹度假游玩的普罗大众，如老师、学生、公司职员等。此外，作者的地域覆盖面也较为广泛，不仅仅只局限于北京城内各界人士，还有各省市来京出差、公干的官员、商人、职员，以及归国探亲、经商、学术交流的华侨、学者等。

这些作品从不同视角展现了民国时期的颐和园及周边环境，是非常珍贵的文献资料，具有重要的学术研究价值。有些诗文真实展现了颐和园的自然风光、建筑陈设、植物配置等，对现今古建保护修缮、展陈复原、园林绿化等工作具有切实的参考价值；有些诗文记载了园内商业经营、管理状况如门票、游船、饭店、导引等情况，为探索公园管理发展提供了新思路；有些诗文详细记录了来园交通路线、城市交通状况、周边地理环境、旅游景点等基础信息，为晚清及民国北京史研究提供了重要资料；有些诗文则出自名家、大师之手，体现了晚清和民国时期诗文创作的较高水平，在民国文学史和文学价值研究方面具有一定意义。

民国时期是颐和园发展的重要转折期，更是颐和园近代化管理模式的初始和探索时期，具有不可忽略和回避的重要性，具有重要的研究价值，但是由于史料和资料的零散，这一领域的研究还相当薄弱。本文集上承清代，是清代御制诗文的延续；下启现代，是颐和园民国史料整理和颐和园民国史研究的重要组成部分，具有填补空白的作用，为颐和园学术研究和遗产保护提供了新的资料，对颐和园历史文化完整性研究必将起到积极的推动作用。

当然，此次文集的出版仅是民国时期颐和园诗文研究的起步，限于时间和水平，必然还有不足之处，比如，民国时期有数量不少的来华外国人游览颐和园并有记述，此次并没有收入集中。在今后的工作中，我们将秉承精益求精的态度，持续深入挖掘史料内涵，不断推进颐和园民国史的研究和应用。

2018 年

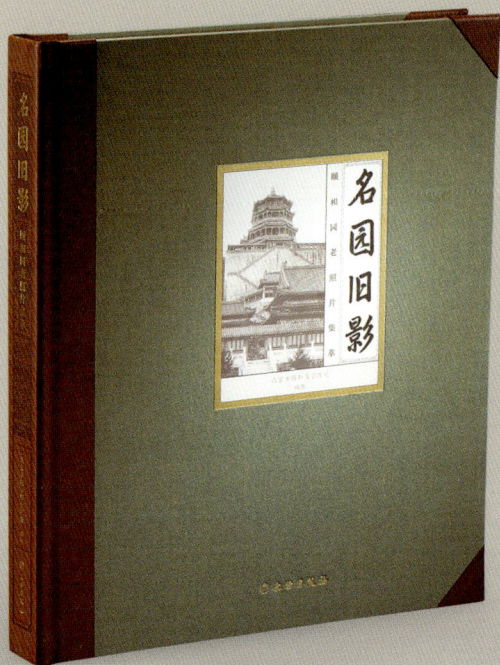

《名园旧影——颐和园老照片集萃》书影

《名园旧影——颐和园老照片集萃》前言

  20 世纪 20 年代，王国维先生在《最近二三十年中国新发见之学问》一文中说："古来新学问起，大都由于新发现。"指出当时近二三十年学术的新发展是建立在殷墟甲骨文、敦煌文书、汉晋木简以及元明清大库档案等新史料的发现基础上的；陈寅恪先生在《敦煌劫余录序》中说："一时代之学术，必有其新材料与新问题。取用此材料，以研求问题，则为此时代学术之潮流。治学之士，得预于此潮流，谓之预流（借用佛教初果之名），其未得预者，谓之未入流。此古今学术史之通义……"指出任何一个时代的学术发展，预其潮流者必是能利用新材料提出新问题者，否则为未入流。可见，新材料的发现和利用，是推动一个时代学术研究进步的前提和基础。揆诸近年来的颐和园研究，如果说近世老照片作为一种新史料，其发现和利用为相关研究注入了新的巨大活力和开辟了新的广阔空间，殆不为过！

一、颐和园老照片研究的兴起和局限

  照片作为一种近代科技发明和社会记录方式，其诞生只有 180

年的历史，与颐和园发生关联最多也只有 160 年的历史；作为一种记录、认识和研究包括颐和园在内的三山五园的新史料、新证据，其受到学术界重视和利用，更不过是近十几年内的事情，之前主要还只是被少数收藏者关注：2003 年，陈宇编著的《颐和园旧影》由北京燕山出版社出版，共收录晚清至民国时期的颐和园老照片 160 余张，是第一部颐和园老照片专集；2007 年，刘阳编著的《三山五园旧影》一书由北京学苑出版社出版，共收录晚清至民国时期的三山五园（圆明园、畅春园、香山静宜园、玉泉山静明园、万寿山清漪园和后来的颐和园）老照片 300 余张，其中有清漪园和颐和园的老照片近百张。这两部图集都是两位作者长期潜心收藏三山五园老照片的成果，一经公开出版，立刻彰显出老照片这种材料在客观性、直观性、观赏性、丰富性、精确性等方面的其他传统史料不可比拟的特点，可谓是雅俗共赏。这些作品，普及了颐和园老照片相关知识，迅速提高了社会各界对颐和园老照片的认知和兴趣，并将三山五园和颐和园老照片的收藏、研究和利用推向了一个新的水平。近年来更是越来越多的历史和园林学者开始将老照片作为颐和园相关研究不可或缺的史料之一，国内国际市场三山五园老照片拍卖的价格不断飙升。

对于颐和园的建筑、山水、花木、陈设、人事等的研究而言，老照片这种纪实图像比起其他的诸如文字史料类明显具有天然的优势。文字材料描述再详细，也不如一张照片细致入微、一目了然，即使与中国古代皇家建筑设计中使用的著名的样式图和烫样相比，老照片也有着明显的优长，是一种纯客观的历史记录。所以，与传统的文字、绘图类史料相比，可以毫不夸张地说，老照片即历史现场。它犹如一条时光隧道，能够把观看者直接拉回到照片所反映的历史场景中。

虽然颐和园老照片越来越受到学术界、园林管理者以及社会大众的关注，新的颐和园老照片的不断涌现也在持续丰富着人们的历史认知。但作为一种颐和园学术研究的新材料，目前人们对颐和园老照片的认识和利用大多还限于判断照片来源和作者、时代分析、看图说话式的古今对比等方面，由于观察视角和排列方式的关系，对颐和园这座历史悠久、区域广大、要素丰富的皇家园林的系统性、整体性和精细性的考察还有很大的不足，还存在着单体化、碎片化的倾向。

二、老照片与颐和园古建筑研究

古建筑，是颐和园中最核心的园林要素。梳理和弄清古建筑的沿革和流变是颐和园研究的重要内容，也是进行古建筑保护修缮和价值挖掘传播的基础。颐和园现存古建筑3000多间，近7万平方米，大部分是光绪颐和园时期所建或重建，少部分为清漪园时期遗留。哪些是光绪时期重建？哪些是英法联军火烧三山五园后的清漪园遗存？清代建筑与今天相比有哪些变化？虽然清宫工程档案和样式雷图档给研究者提供了较为丰富翔实的资料，但是老照片在此领域仍然发挥着不可替代的作用。

1.关于1860年幸存建筑的数量

在颐和园的讲解词、志书乃至一些权威著述中，对有哪些建筑

被焚毁的大报恩延寿寺

在 1860 年英法联军的劫火中幸存下来，一直是笼统言之、语焉不详的，清华大学建筑学院在著名的研究专著《颐和园》一书中，通过对同治三年（1864 年）的《清漪园山前山后南湖功德寺等处陈设清册》《清漪园山前山后南湖功德寺等处破坏不全陈设清册》两份档案判断，除了一些砖石、琉璃构造的桥梁、城关、牌楼、塔之外，册中载有建筑名称的应该就是幸免于难的清漪园建筑，它们是：

前山：勤政殿、文昌阁、宜芸馆、玉澜堂、乐寿堂、养云轩、无尽意轩、餐秀亭、重翠亭、大雄宝殿、智慧海、转轮藏、宝云阁、山色湖光共一楼、云松巢、邵窝、石丈亭、浮青榭、寄澜堂、蕴古室、小有天、斜门殿、穿堂殿、延清赏。

后山：绘芳堂、静佳斋、金栗山、袖岚书屋、清可轩、蕴真赏愜、翠籁亭、三摩普印、清音山馆、香海真源、知春堂。

昆明湖：广润祠、畅观堂、怀新书屋、睇佳榭、景明楼、春风啜茗台、澄鲜堂、络丝房、织机房。

应该说，依据可靠的清宫档案资料得出的这份44座（处）建筑是目前清漪园幸存建筑研究最为权威的清单，但是，通过审视颐和园重建之前的老照片，我们显然还可以发现其他一些清单之外20余座（处）幸存建筑，至少包括廓如亭、治镜阁、邀月门、鱼藻轩、湖山真意、画中游、荇桥及牌楼、迎旭楼、水周堂、临河殿、宿云檐、清可轩的留云殿和钟亭、云会寺、善现寺、东桃花沟龙王庙、紫气东来城关、东宫门外北朝房、涵虚牌楼等。

那么，为什么这两份宫廷档案并没有涵盖这么多未焚毁建筑呢？笔者认为这是因为两份档案主要是为清点陈设而造，并非为清点建筑而造，那些已经没有陈设的建筑未纳入册中是非常正常的。而且这些肯定还不是遗存建筑的全部，以上仅是从手头老照片的角度进行寻找，结合对其他史料的深入研究以及随着更多老照片的发现，一定还会发现有建筑幸免于难。老照片对颐和园的建筑史研究的价值自不待言。

2. 关于建筑和彩画形制的变化

古建筑和建筑彩画的形制是颐和园研究和保护的一个重要方面。通过比照老照片，我们可以发现，一百多年来，除了如大报恩延寿寺改排云殿、文昌阁三层改二层、昙花阁改景福阁等耳熟能详的变化外，颐和园的建筑和彩画的风格和形制还有一些有趣而明显的变化。这些变化也是我们今后开展文物古建筑研究和修缮工程方案制定的重要依据。比如，东宫门前的大牌楼，在清漪园时是更显端庄稳重的四柱三楼形式，在光绪重修后改为了更为华丽的四柱七楼形式，并且"涵虚""罨秀"的乾隆御题石坊心竟然装反了；比如廓如亭，对比清漪园和颐和园两个时期可以感到，清漪园时期的更低矮和素朴一些，而颐和园时期的攒尖更高、挑檐弧度更大、装饰更华丽一些。

在建筑彩画上，由于这种建筑装饰材料的不耐久性和常更新性，通过老照片，清代、民国的彩画和现在对比变化是比较大的。典型的如最负盛名的长廊彩画，其梁枋上的以"流云"纹饰为主，少数可辨的廊心人物画也基本是以神仙故事类为主；水木自亲殿前面的探海灯杆，两根杆柱也是绘有"流云"纹彩画。这些照片直观

颐和园"涵虚"牌楼

三名男子在长廊秋水亭留影纪念

展现了清代颐和园彩画的样式，对于古建筑研究和修缮具有不可替代的价值。

三、老照片与颐和园植物景观研究

植物，是园林中不可或缺和具有生命力的要素，在颐和园景观构成中具有重要作用。颐和园中的植物百余年来变化很大，老照片正好可以为颐和园的植物种植史提供非常直观的资料。但是相对于历史、建筑、文物等领域，颐和园园林植物景观研究方面目前还比较薄弱，无论是传统史料还是老照片资料的利用都很不足，这里仅从老照片角度简略概述一下颐和园万寿山、昆明湖堤岸及仁寿殿等部分重要庭院的植物栽植历史。

1. 万寿山

从颐和园早期（颐和园重建之前）的老照片看，万寿山上的植物主要以低矮灌木为主，松柏类乔木非常稀少细弱，甚至很多区域土石裸露，特别是大片的山脊线两侧，令人想起明朝末年瓮山时代"童童无草木"的记载；但是前山长廊一线、后山中部的建筑群一带，松柏高大稠密，蓊蓊郁郁。清末和民国时期，万寿山乔木悄滋暗长，已有山林之气象，但又并非密密匝匝，遮阴蔽日。山上的建筑大都能不受树木遮挡，无遮无拦，清晰可见，植被与山上建筑景观相得益彰。比如站在东宫门广场之外观望，不仅有高大雄伟的佛香阁、智慧海、大戏楼扑入眼帘，排云殿、佛香阁中轴线建筑群的红墙如带，万寿山西部的湖山真意、画中游，万寿山东部的千峰彩翠城关、景福阁，以及紫气东来城关亦可历历在目，给人以强烈的视觉震撼；

在园内各处仰望万寿山，以及从万寿山上俯视四方，皆有建筑历历，湖山入画的景象。民国之后，特别是 20 世纪 80 年代以来，万寿山植物高大稠密，但不少传统借景视线受到了阻断。

2. 堤岸

从老照片看，整个清代时期，东堤北段坦坦荡荡，大道宽阔，几乎从园中各处皆可望见东堤上的虎皮石园墙蜿蜒如带，毫无遮拦，只在绣漪桥北和廊如亭附近有数株老柳，为清漪园时遗存。民国后期，东堤昆明湖铜牛以北的岸边开始种植柳树，沿大墙内一线开始种植毛白杨，幼树十分细弱。如今毛白杨已然粗可环抱，而湖岸柳树由于植根坚固堤岸，仍然长势不佳，时有更新。据乾隆多首御制诗描述，清漪园时期昆明湖堤岸便有绿柳红桃的景色，民国后期，东西堤柳树间补植山桃，很大程度上恢复了效仿杭州西湖堤岸的景观。

东堤

宜芸馆后

3. 庭院

    清末时期，慈禧在仁寿殿庭院中引种了海棠、玉兰，民国后期，这里又种植了几棵龙爪槐；同时种植龙爪槐的还有宜芸馆后的垂花门北侧；长廊南侧靠近环湖栏板的一线增种了榆叶梅。

    新中国成立后的数十年中，颐和园的植物几乎以每年新植数千株的规模发展。研究老照片中植物的变迁，可为今后园内植物调整提供有力借鉴。

四、颐和园的老照片收藏与研究状况

    颐和园是较早展示、收藏和研究利用颐和园老照片的文博机构。2003 年，颐和园管理处在园内的水木自亲建筑内举办了"名园沧桑——颐和园老照片展"的首个老照片专题展，展出颐和园老

清漪园铜亭

清末玉带桥

照片近百张，受到游客的高度关注。2008 年，又在园内的清华轩开办了一个更大规模的颐和园老照片展，展出颐和园老照片 120 余张；2007 年，颐和园管理处开始每年设置专项资金征集颐和园题材的老照片，如今颐和园收藏的颐和园题材老照片已达数千张；与老照片的积累和研究同时，颐和园在园林历史研究、编制保护规划、古建修缮、文物展览、绿化管理等方面也越来越将老照片作为开展专业工作的重要历史文献依据。

在充分借鉴以往收藏和研究成果的基础上，为了进一步推进颐和园老照片研究的专业性和应用性，颐和园管理处编辑了这部新的颐和园老照片集，以 340 余张老照片的规模，分设为"百年沧桑""建筑风物""陈设器用""花木扶疏""人物春秋"五章，每章下又设

从西北方向看万寿山

有各节，条分缕析，分类编年，这一编撰体例反映了鲜明的园林专业学科特色，通过这样类别化、系统性的角度串联排比老照片，许多过去单体分置不易看出的历史信息在时间的河流中更加清晰地浮现出来了。

当然，颐和园老照片的收藏和研究仍然还是一个荷角才露、方兴未艾的年轻领域，随着更多老照片的发现和更多深入系统的研究，相信必然会在颐和园园林文化遗产的研究、保护和利用中发挥越来越大的作用。

2019 年 10 月

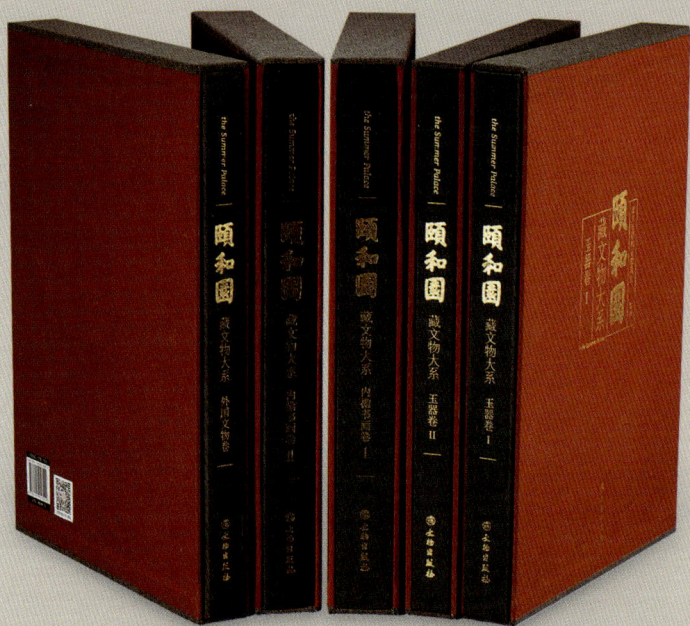

《颐和园藏文物大系》系列图书

《颐和园藏文物大系》总序

　　颐和园的前身是始建于清乾隆十五年（1750年）的清漪园，是目前中国保存最为完整的皇家园林，它处在三山五园（圆明园、畅春园、香山静宜园、玉泉山静明园、万寿山清漪园）区域的核心位置，乾隆皇帝称誉其为"何处燕山最畅情，无双风月属昆明"，是整个京西皇家园林的中心主景和历代皇家园林建设的压卷之作。咸丰十年（1860年）清漪园与圆明园等一起被英法联军焚毁，光绪时期修复改称颐和园后，地位更加重要，成为清代与紫禁城并列的政治、外交中心。

　　多年来，或许是颐和园皇家园林山水建筑景观太过于美轮美奂，令人目眩神迷，而让颐和园藏文物的光彩受到些许掩盖。作为皇家园林的颐和园，园藏文物是其核心价值之一。有清一代，园中文物称为"陈设"，摆放在殿堂内外。颐和园的陈设，包括清宫"陈设档"内所列之佛像、书画、古玩、钟表、家具、铺垫、帐幔、日常用品以及各种露天铜器、湖石、石雕等物。与建筑、园林相互依存的陈设琳琅满目，精美绝伦。由于不同年代的国势强弱不同，各殿宇建筑风格与功能有别，及历代帝后喜好差异，清漪园与颐和园两个时期"陈设"的内容、布置及管理方法也有所不同。与园林的沧桑命运相伴，园藏文物也阅尽世变。颐和园文物的变化也反映了近代中国的国势兴衰与宫廷文化的嬗变。

清朝灭亡后，颐和园中的"陈设"作为文物一直被妥加保护，除去因为时代变迁稍有损益外，整体传承有序，保存完整。目前，颐和园园藏文物计有近四万件，时间上自商周、下至晚清，是中国三千多年的文明历史的经典遗存；品类涵盖铜器、玉器、瓷器、木器、漆器、书画、古籍、珐琅、钟表、竹器、乐器、根雕、杂项等，几乎囊括了中国传世文物的所有门类，其中不乏独特罕有的珍品。从整体上看，颐和园藏文物，是中国皇权时代最后一处大规模、系统性、高等级的宫廷文物聚落，在中国文化史、宫廷史、园林史上都有重要的历史、艺术和科学价值。

近年来，颐和园对园藏文物的保护力度持续加大。2000 年，颐和园建成开放的文昌院作为集文物现代化保管与展示为一体的博物馆以来，园藏文物管理机制日益健全。通过举办主题展览和交流展览，颐和园园藏文物日益为海内外游客观众所知晓；通过展览交流的推动，文物研究、文物修复和保管专业队伍也日益得到锻炼和提升，管理和学术成果不断涌现，已经成为颐和园文化遗产保护利用和可持续发展的核心资源。

一　颐和园文物藏品之沿革

1.清漪园时期

清漪园时期的陈设，盛于乾隆、嘉庆，衰于道光，毁于咸丰，荒于同治。乾隆时期，清王朝国势鼎盛，国库充裕。乾隆帝又精于鉴赏，对文玩多有搜罗，商周之铜器、唐宋元明之瓷玉及书画搜括不少。清宫内又设造办处，专为皇家制作各类精致用品，因此清漪园中的陈设多为专门制作。乾隆皇帝还自己提出"钦定"样式，集天下能工巧匠，命人监工制作。作为乾隆皇帝最钟爱的皇家园林，清漪园中的陈设文物集中了皇家历年的珍贵收藏，是园林历史上文物数量最多、品质最精的时期，当时记录在册的"陈设"多达四万余件，清廷内务府专门设立《陈设清册》，建档管理。由于乾隆等诸皇帝不在园中居住，所以清漪园陈设文物的特点是以鉴赏、把玩为主，使用为辅，注重文物陈设的品质。陈设的形式、内容与建筑的形式和使用功能相配套。各类陈设的设计，甚至每件文物的定位都要经过皇帝严格审批。这在清宫档案中有明确的记载："乾隆十五年三月二十七日，谕令造办处首领孙祥为万寿山做大五更钟一座，先画样呈览"，"四月八日，孙祥将画得五更钟并时刻钟纸样呈览"，但乾隆帝并不十分满意，遂下旨做了更具体的指示，令其照延爽楼的钟式样铸造，同时下旨将现有一件做时钟用，再铸一件用作刻钟。"十二月初五日，孙祥将新画更钟并刻钟纸样呈览"，乾隆帝始批准交铸炉处照样铸造。

乾隆创设，嘉庆守成，嘉庆时期清漪园的陈设基本延续着乾隆时期的面貌。在中国第一历史档案馆珍藏的清漪园陈设册中，园中陈设是按每一组或一幢建筑列为一本陈设册。册中对殿堂中文物的名称及陈放位置记录详尽，从中可以判断出各座建筑的主要功能用途，是研究清漪园时期文物陈设的重要史料。如嘉庆十二年（1807

年）《玉澜堂等处陈设清册》记载：

　　　　勤政殿明间面东设红金漆闹龙照背宝座地平一分，宝座两边安鸾翎宫扇一对，紫檀杆座。地平上铺蓝边红猩猩毡一块，纳绒花毯一块，黄绢里。宝座上铺红白毡各一块，红猩猩毡一条，黄妆缎坐褥一件，上设紫檀嵌三块玉如意一柄，香色填漆有盖痰盆一件，棕竹边股黑面扇一柄。随地平前夹踏跺安红漆高足香几二对，上设康熙嵌铜掐丝珐琅辅耳象足鼎四件。宝座上面并明柱上挂御笔字锦边黄绢心匾对一分。两梢间安红心白毡垫二十六块。楠木书格八座，内设：《钦定古今图书集成》一部三十二典五百七十六套五千二十本。格顶上设：《文苑英华》十六套、《切问斋集》全函一套、《思绮堂四六文集》全函一套、《唐书》全函一套、《海峰文集》全函一套、《仪礼郑注》一套、《法传全录》二套、《纪事本末》二套、《冯宗伯集》三套、《庾子山集》二套。左格前设：凉车一辆。右格前设：炮车一辆。外檐前后门上挂：毡竹帘各五架。殿前两边安：乾隆年制有盖三足铜鼎炉四件。

　　以上例子便可见清漪园时期园内殿堂陈设之丰富，在布置上的儒雅精致，宫廷特点突出，同时也符合殿宇所具备的使用需要。清漪园的管理机构内务府对陈设每五年重新彻查造册一次，对比不同时期的陈设册可以看出，陈设后期失修、虫蛀的现象渐趋普遍，从中已可窥见大清王朝的暮气氤氲。

道光二十年（1840年）鸦片战争后，由于清朝国力转衰，道光帝以节俭著称，清漪园"陈设"不断裁撤。至咸丰五年（1855年）记录实有陈设三万七千余件。咸丰十年（1860年），清漪园遭英法联军劫掠焚毁，陈设大部分被抢遗失。内务府对劫后殿堂进行清查，整个清漪园只立两本清册，即《清漪园山前山后南湖河道功德寺等处陈设清册》和《清漪园山前山后南湖功德寺等处破坏不全陈设清册》。以乐寿堂为例，与咸丰九年（1859年）《乐寿堂陈设清册》相比，原有的几千件陈设，只剩下一个铜炉和一个残破的盘子。同治四年（1865年），又查劫后尚存陈设4735件，其中铜胎、画像等佛像4453件，还有其他遭破坏不齐的陈设530件。光绪初年，在清漪园易名之前，查得园内陈设有4618件，其中包括铜器、玉器、竹木雕、漆器等。

2. 颐和园时期

光绪十二年（1886年），清廷开始重建清漪园，两年后清漪园更名颐和园。虽然当时清王朝国势衰败，但颐和园作为慈禧太后"颐养冲和"的重要居所，生活用品、日常陈设之物不免还要有所补充，除少部分由造办处制作，其他多为东挪西凑、各处采办，充颐和园陈设使用。此后，经过其他宫苑调拨、万寿庆典制作、庆寿献礼等多种方式将各式陈设汇集到颐和园，加之清漪园的遗存，颐和园的陈设又丰富起来。颐和园陈设来源具体情况如下：

（1）宫苑调拨

颐和园时期由于园林的性质从乾隆时期的仅供游娱变为慈禧的长期居住并理政，园内陈设随着建筑形式及功能的转变，减少了佛像，而增加了大量生活用品，特别是晚清的工艺品。由于重建资金紧张，不能像清漪园时期那样量体裁衣，按所需置办陈设，而是在沿用清漪园旧物的基础上，运用各种途径调集陈设，补充陈设的不足。据清宫档案中记载：

　　光绪十四年（1888年）正月初五日李总管传懿旨：所有南海各殿内原有铺设旧铺垫，均改移洋楼内收存妥协，并造具清册，以备昆明湖应用。八月十一日懿旨：将五百六十件圆明园木器交由海军衙门照旧式修补见新，修理齐整后分别摆放于颐和园各殿内。

　　光绪十七年（1891年）正月二十二日奉懿旨：将倚虹堂殿内西间金漆边座紫石天然插屏一对运至颐和园乐寿堂安设。二月二十四日刘总管传旨：倚虹堂殿内青碌兽面果洗一件，送至颐和园乐寿堂安设。

从其他皇家宫苑调配符合颐和园皇家园林身份和特点的陈设器物，有助于当时迅速还原颐和园原本的皇家宫廷陈设标准。

（2）万寿庆典制作

光绪二十年（1894年），是慈禧的六十大寿，准备在颐和园举办庆典，从光绪十九年（1893年）三月开始造办陈设，由总管内务府大臣恭备庆典用。德和园布置所需台帘、门帐、寿山、木器、桌椅板凳套；仁寿殿、排云殿乐器、补服衣、大鼓等，均由内务府大臣交给工程处办理。除上述物品外，还有各种图案各式釉彩的瓷餐具、苏州织造的漆食盒、茶膳房特为宴会置办的各种桌张、锅灶、炊具、金银器皿等。

（3）慈禧寿礼

慈禧六十岁、六十三岁、六十五岁万寿庆典，收受了王公大臣们贡献的大量祝寿礼品，它们被陈放在颐和园各座殿堂内，成为重建颐和园后的重要陈设物品。在中国第一历史档案馆藏"慈禧万寿档案"中的《六旬庆典进贡盆景各种钟账》《六旬庆典进贡宝座、围屏、插屏》《六十晋五庆典贡品清单》中对慈禧过生日收存在颐和园的珍宝均有记录。光绪二十八年（1902年）重修颐和园完工后，慈禧重新布置了园中陈设，王公大臣利用慈禧的寿庆争相报效物品，多为古铜、瓷、玉等珍品，太监多贡钟表，出使外国大臣则献西洋制钟表、千里眼等。光绪三十年（1904年）是慈禧七旬寿庆，王公大臣所进贡礼品多达几万件，慈禧拣合意之物留陈颐和园中的有886件。光绪三十一年（1905年）慈禧七十一岁寿庆，王公大臣进献诸多贡品。此时期文物陈设的来源广、种类丰、数量多、质量精，比清漪园时期的陈设亦不逊色。

3. 民国时期

1912年，清宣统帝宣布退位，颐和园仍然作为清皇室的私产。1916年，清室内务府对颐和园陈设进行过一次清点，除原有在册的陈设外，新立了《颐和园现存新瓷玻璃器灯只清册》，内载陈设物品1387件。同时对清册列出名单但查无实物的文物，设立《颐和园浮存陈设清册》，内载仁寿殿、颐乐殿、乐农轩、涵远堂、乐寿堂、排云殿、石丈亭、听鹂馆浮存各式陈设（不包括家具）共计

仁寿殿内景

466件。1921年11月29日，溥仪命内务府大臣绍英查核颐和园陈设。此为清室最后一次陈设清查。此时期，颐和园作为逊清皇室的私产，文物陈设仅维持原状，未有置办陈设的记载。

1928年7月1日，民国政府"内政部"接收颐和园。此次接收，对封存在各殿堂的珍贵文物未有点收，仅接收了各殿宇的钥匙。当年由于政局迭变，自1928年7月至1931年11月更换九任所长，而园内陈设物品除1930年选提陈列者有明晰清册外，并未对所有陈设物品做过全面清查，在频繁的交接中，更无法全面清点。因此所长陈继青采取的由原保管人员出具甘结仍由原人保管的办法，后来历任所长交接时，一直沿用，始终未有包括全部陈设之清册。1933年中国因"九一八"事变进入军事时期，经北平市政府批准，颐和园将陈设装箱640余箱南运。此后，1936年、1942年、1946年、1947年、1948年历任所长交接时，均循例选具《颐和园图书古玩清册》存查。

4. 新中国成立以后

新中国成立后，颐和园的文物藏品管理愈加规范和受到重视。分别于1950年、1970年、1973年、1974年进行了文物的清点鉴定工作，20世纪70年代的清查鉴定是自民国以来最全面的一次，共清点鉴定各类文物14169件、硬木家具357件、图书269部，数量为1930年清查1342件、图书243部的10倍。1976年、1980年，王世襄、夏更起等专家又来园鉴定了硬木家具、珐琅、杂项等器。

乾隆碧玉填金刻御制诗插屏　（颐和园藏）

二　颐和园文物藏品之类别

　　从 2014 年至 2016 年，按照国务院开展第一次全国可移动文物普查工作通知的要求，颐和园利用三年时间对全园可移动文物进行了彻底清点、核查、定级、建档，以逐步实现规范化、制度化、科学化的分类管理保藏机制。经查颐和园目前正式藏品数量 37952 件。其中，正式藏品中，玉器 619 件、杂项 748 件、珐琅器 168 件、钟表 111 件、洋瓷玻璃器 667 件、金银器 297 件、青铜器 726 件、内檐匾额 144 件、隔扇心 259 件、春条 54 件、福寿方 22 件、琴条 37 件、书画（包含舆图）504 件、丝织品 1067 件、贴落 646 件、古籍

21338 件、瓷器 9100 件、家具 1445 件。2016 年，经过文物普查清点整理文物，对文物级别进行重新确定，级别情况如下：一级文物共计 125 件（包括家具 32 件）；二级文物 573 件／套，共计 1334 件（包括 20 套书，781 册）；三级文物 9204 件／套，共计 25037 件（包括 27 套书，15860 册）；四级古籍 218 套（4675 册）；一般文物 6773 件／套，共计 6781 件（包括 14 套书，22 册）。

颐和园园藏玉器共 1600 多件（包括非正式藏品），以乾隆时期玉器为代表，取材多为纯洁莹润的白玉、青玉等，在历代玉器中是无与伦比的；在工艺上，乾隆时期玉器集古技之大成，典型的如玉山子、玉插屏、玉笔筒等作品上绘刻的山水、人物图景，宛如立体的图画，为后世所难以企及。乾隆对玉的嗜好体现在其大量的"咏玉诗"上，每当观赏到一件玉器佳作，兴之所至便会赋诗一首，甚至镌刻在器物上。颐和园藏"碧玉填金刻御制诗插屏"就是乾隆时期的一件精美作品，用罕见的大块碧玉制作，其材质和雕工均为上乘，一面琢刻隶书乾隆御制诗"东郭还西墅，山家接水邨，春朝庆老幼，丰岁足鸡豚"（部分）；另一面阴刻雕琢出房屋村舍、人物等田野农庄图案与御制诗相应。诗文字口和图案线条之内填涂金粉，使诗文、图案更为清晰鲜明，跃然而出，作品反映乾隆朝治世之下国泰民安、连年丰收之象。

颐和园杂项文物包括字画、织绣、珐琅、翡翠、金银器、竹木牙角器、钟表、铺垫和玻璃器皿等。其中，清乾隆年制长达 7.07、宽 4.14 米的缂丝三世佛像、铜珐琅提梁卣、红珊瑚如意、蓝底百子图缂丝石榴式插屏、铜画珐琅六角座钟、风雨晴阴铜柱珐琅双连二方钟等，皆为乾隆文物的精品。其中的缂丝佛像尺幅巨大，极为罕见，图案"通经断纬"织制而成，工时耗费可见一斑；缂丝画面四周饰回纹边，图案上部饰华盖、祥云、飞天、日月；中间饰三尊佛像、阿难、迦叶；下部左右分饰十八罗汉、四大天王及祥云。这幅缂丝制品曾在仁寿殿展出，纵使殿内山墙高大，也未能全部展开。

颐和园收藏的青铜器为清宫旧藏，旧时曾为园内殿堂、露天陈设之器，其中不乏精品。如商代饕餮纹三牺尊，经查《西清续鉴》甲编卷五之尊三十六著录有"周饕餮尊"，与此器相同（由于清代学者对青铜器的研究与现在认识不同，故当时定为周代），后参照其二者的图谱和尺寸均吻合无误，可以证明颐和园藏的此件青铜器为《西清古鉴》著录之器，是宫廷旧藏的精品，至少乾隆年间便珍藏于皇家宫苑之中。另据档案资料记录，颐和园藏的这尊饕餮纹三牺尊在庆典之时曾常陈设于排云殿内露陈石座之上。

颐和园园藏古籍达两万余册，其中鉴定入国家二级文物保护级别的有 16800 余册。其中清乾隆时期的古籍占有一定比重，包括乾隆殿版《皇清开国方略》、乾隆殿版《西清古鉴》、乾隆殿版《皇朝礼器图式》、乾隆《御制石经》和《御制论史古文》等。值得一提的是，颐和园还藏有《大清高宗纯皇帝圣训》。此套圣训是乾隆皇帝诏令谕旨及其箴言的语录，是研究乾隆一朝政治、经济、文化、典章制度等的史料。圣训函套以黄绫装裱，题签及目次贴黄锦并加以墨书，全书自"圣德"始，记录了乾隆皇帝六十余年政治生活的方方面面，敬天法祖，笃孝崇仁，河工盐政，农桑吏治，文治武功，拓土开疆等等不一而足，详细反映了乾隆时期皇帝本人治国思想及事功。

颐和园藏瓷器总数达 9000 多件,经鉴定入国家文物保护一、二、三级的有近 7000 件。颐和园藏瓷器时间跨度从元代到清代,品类有青花、粉彩、斗彩、五彩、素三彩、颜色釉等,造型有瓶、尊、罐、缸、花盆、盘、碗等。数量上以清代瓷器为最多,器物烧造精致,由清朝内务府造办处在全国挑选最好的工匠,根据皇家生活所需制造。其中尤以乾隆时代的瓷器烧造最为精彩。元明瓷器中也不乏精品,其中有闻名中外的元代蓝釉白龙纹梅瓶,传世仅存 3 件;明代的永乐青花瓷及甜白釉瓷器也多造型精美,独具特色。

颐和园藏佛像、神像为传世文物的一部分,清漪园时期园内多佛寺,因此佛像多是当时园林陈设的一大特点。从乾隆十五年(1750年)建园起,到被毁前(咸丰十年,1860 年)园内佛像曾近 15000 尊,主要集中在万寿山前及后山寺庙建筑群中。园中智慧海内遗存铜胎观世音菩萨一尊、铜胎文殊菩萨一尊、铜胎普贤菩萨一尊、铜胎韦驮一尊和天王一尊。云会寺香海真源内遗存铜胎毗卢佛一尊、铜胎从神二尊。这些佛像虽依附于建筑而存在,但其具有的工艺特点和宗教文化成为后世从宗教角度解读清漪园文化的有力物证。

颐和园是明清家具收藏的重镇,所藏家具数量大,制作精,种类丰富。颐和园现藏的数千件明清家具中,绝大部分为宫廷御用家具和陈设家具。由于是为宫廷制作,在材质、工艺上皆代表了所处时代家具制作的最高水平,是明清皇家宫廷家具的典型代表。颐和园藏家具种类丰富,包括了椅凳墩等坐具、床榻等卧具、桌案几架等承具、座插围挂等各类屏具、柜格箱架等容具及其他各种类型;在材质上有黄花梨木、紫檀木、沉香木、乌木、鸡翅木、铁力木、

元代蓝釉白龙纹梅瓶　（颐和园藏）

花梨木、酸枝木等；工艺上有各式漆作、镶嵌；地域特征上有京作、苏作、广作等；时代风格上有明式、清式（包括西洋式、东洋式）等。这些家具林林总总、蔚为大观，构成了一座收藏宏富、体系完整的古代明清高端家具博物馆，在当今国际公私家具收藏界，都罕有其匹。

三 颐和园文物藏品之价值

颐和园珍藏的文物，是作为皇家园林在长期使用过程中根据建筑内外陈设及礼制、生活等需要自然聚集起来的传世精品，为中国皇家园林文化的重要遗存，是颐和园世界文化遗产价值的重要体现。作为中国宫廷文物的最后一次大规模集合，颐和园藏文物有其独具的价值。

1. 颐和园文物的艺术价值代表了清代尤其是晚清宫廷艺术的最高水平

颐和园藏文物形制、纹饰、材质等要素反映了其制作年代的社会审美风尚、工艺技术、文化潮流等。由于大部分制作于清代，颐和园文物最能反映清代尤其是清代宫廷的艺术水平，包括清代宫廷审美风尚的变迁情况。颐和园藏文物为我们研究古代特别是清代宫廷文物的结构、工艺、技巧提供了难得的实物资料。

2. 颐和园文物作为中国清朝国家盛衰曲折历史的见证，具有重要的历史价值

评价颐和园文物，历史价值也是一个重要的标准。颐和园文物的一个重要特点是经历了清代国家由盛转衰的几次重大事变和晚清的政治风云，咸丰十年（1860 年）英法联军的劫掠，光绪十二年（1886

年）颐和园的重建，慈禧太后的几度庆寿，光绪二十四年（1898 年）的戊戌变法运动，光绪二十六年（1900 年）庚子事变，晚清"游园外交"，清末的"西洋风"等等，这些都或多或少在颐和园的文物上留下了时代的印记。有些晚清时期的颐和园文物，是反映那个时期某个重要事件或重要历史人物活动的重要见证。

3. 颐和园文物始终未脱离开其制造和产生的原初环境和使用功能，这一和历史场所相结合的特点，使得颐和园文物在整体上蕴含着极其丰富的文化和艺术密码

从乾隆时代开始，颐和园陈设就有专门为园内的某一建筑量身定造的，虽然晚清时期定做的情况由于国力的原因相对减少，文物的调拨、进献和采办渐多，但在总体上，晚清时期颐和园陈设的制作和选用也像前期一样，充分考虑所使用建筑的等级、体量、功能等要求，这一特点使得颐和园的陈设与陈设之间，陈设与所在建筑及其使用功能之间具有一种与生俱来的密切关系，使得陈设、建筑及其历史功能共同组成一个内涵十分完整丰富的文化场域，进而在当今引发诸多值得研究的课题，如陈设体量和建筑空间的关系，陈设布置和建筑功能的关系，陈设与建筑形式的关系，陈设类别和品质与使用者地位的关系，陈设与陈设之间的关系等等。这种完整性和系统性特点，使得颐和园文物在整体上具有一般公私博物馆文物收藏不可比拟的学术研究价值，对中国园林史、文化史、宫廷史、近现代史、工艺美术史等领域都不乏参考意义，是一座弥足珍贵的历史文化宝库。

今年，是颐和园列入联合国教科文组织世界文化遗产名录二十周年，为了进一步挖掘颐和园历史文化宝库，弘扬颐和园文化遗产价值，推进学术文化研究，惠泽学林与公众，颐和园计划出版《颐和园藏文物大系》丛书，并得到了文物出版社的高度重视与大力支持。这是颐和园藏文物资源的第一次系统整理出版，将全面公开颐和园藏文物的种类、数量、器形、纹饰及历史、艺术价值等较为全面的科学信息，可填补文物界颐和园藏文物缺位的空白，为文博、考古、历史、美术及其他相关领域的研究者提供可参考的重要资料和信息，为文物鉴定提供标准器和鉴定依据，对文物收藏者和历史文化研究者也具有较为重要的参考价值。我们期待这套丛书的出版能够进一步提高社会各界对颐和园重要价值的认知，进而提高专业人士及颐和园爱好者对颐和园历史文化的研究水平。

限于时间仓促和研究水平，错误之处在所难免，也请方家不吝指正！

2018 年 4 月于颐和园外务部公所

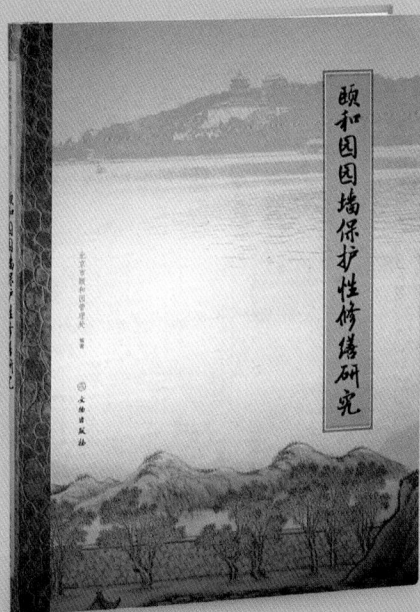

《颐和园园墙保护性修缮研究》书影

《颐和园园墙保护性修缮研究》序

    墙，是中国古代城池、宫殿、坛庙、陵墓、园林以及民居营建不可或缺的建筑要素，不仅具有防卫和空间限定的功能，也是营造和丰富景观的一种手段，具有特定的历史、美学、工艺价值。世界文化遗产颐和园的园墙，由不规则的泛黄色花岗岩石块堆砌而成，外抹青灰勾缝，整体纹路斑斓自然，酷似虎皮，俗称"虎皮墙"，逶迤屹立，风采独具，长达 8000 余米，将颐和园绚丽的湖光山色、亭桥楼阁包围其中。它不仅与颐和园的历史紧密关联，见证了颐和园数百年沧桑变化的历史进程，同时也是颐和园建筑的重要组成部分，发挥着屏障、防卫等重要历史和现实功能，也是颐和园景观构成的要素之一，是园林中一道无处不在的独特风景线。

    然而，对于颐和园园墙的建筑历史变迁与建筑工艺的研究，还是一个有待弥补空白的学术领域。在清代的皇家园林中，其实这样的虎皮纹石墙曾经非常普遍，比如著名的圆明园当年的虎皮石园墙的长度达到至少 11000 多米。其实不只是园墙，虎皮石墙做法在建筑山墙、槛墙、台基、台明等部位均有广泛应用，不仅取材便利，结构坚固，其色彩和质感能表现出皇家园林自然坚固、返璞归真的

东宫门东侧大墙修缮前

东宫门东侧大墙修缮后

气象，更能与山水园林融为一体，自身便成为园中一景。但是，由于历史的沧桑，现在各当年皇家园林的这种独特的虎皮石墙要么大都已经遭到损毁，要么多是近年来恢复重砌，规模最为完整、历史价值最为突出的当属颐和园了。2012年，颐和园园墙抢险修缮工程正式启动，于2014—2017年，分五期逐步实施完成。这是清朝以后颐和园第一次对园墙进行全线整体修缮。此次修缮，为我们研究颐和园园墙建筑历史、建筑工艺和保护方式等提供了有利的契机。

颐和园的园墙，在清代的官方档案史料包括样式雷图档中大都称为"大墙"，也有少量称作"墙垣""围墙"的记载，但是园中老人及文物专业工作者皆口耳相传"虎皮墙""虎皮石"俗称，此种俗称并未见史料档案记载但口耳相传，以至很多园林爱好者也熟悉"虎皮墙"的称谓。考其出处，《红楼梦》中一段描写虎皮石墙墙基做法的记载可资参照："左右一望皆雪白粉墙，下面虎皮石随势砌去，果然不落富丽俗套。"这明确道出了虎皮石墙的称谓概念和美学特色。当然，可以肯定，不是因为人们读了《红楼梦》受启发才产生了这一俗称，而是这一俗称与《红楼梦》巨著都是诞生于清代北京文化的共同土壤。

为了对颐和园园墙的历史、价值、工艺等进行深入研究，保障园墙修复工作的科学性、学术性与严谨性，颐和园组成了由古建工程管理部门、历史文化研究部门以及天津大学建筑学院等相关专业学术机构共同参与的学术团队，进行历史、工艺、材料检测等多学科综合研究，查询大量的清代宫廷工程做法册、样式雷图档、颐和园档案、历史老照片等档案资料，勘察调研颐和园、圆明园、香山静宜园、承德避暑山庄、蓟县盘山行宫等皇家园林中的虎皮石墙遗存，对园墙修复进行细致的测绘、记录、检测等，并对前几期园墙修复的经验教训进行总结改进，形成了这本《颐和园园墙保护性修缮研究》。

简要概括起来，这一成果主要包括以下几个方面：

1. 依据文献档案详细梳理颐和园园墙营建史、修缮史，理清了颐和园园墙的嬗变历程，从文化视角梳理了中国独特的墙文化，开展了清代皇家园林园墙遗存调查及历史文化研究，在此基础上进一步明确了颐和园园墙的价值定位，提升和细化了对园墙的文物价值和工艺价值的认识和重视。

2. 通过现场勘察和历史档案研究，总结了清代虎皮石墙砌筑材料及施工工艺，并通过现代科技手段进行材料检测和软件模拟，为园墙修缮材料选取、工艺传承等提供了科学依据，进而探讨园墙的病害发生机理并提出保护策略，并编制了颐和园园墙日常保养规程。

3. 通过研究总结，对颐和园园墙的认识由感性到理性，工艺上由原则到方法，都有了质的提高，提升了园墙修缮的科学性、规范性和学术性，深入贯彻了文物保护的"四原"原则和"最小干预""最大程度保留历史信息"的原则要求，充分体现了对历史的尊重。

通过主持此次颐和园园墙修缮及研究工作，我进而也有以下两点认识和感受：

1. 清朝灭亡后颐和园园墙的百年修缮和变迁史，反映了人们对颐和园园墙认识和研究的时代特点。由于常有倒塌，民国时期的日本籍工程师已经开始用水泥这一现代材料对颐和园园墙进行修缮，

昆明湖添建大墙做法图　光绪十六年底　（国家图书馆藏）

这一新材料的应用改变了园墙的传统工艺，并一直延续到新中国成立后的很长一段时间的园墙修缮实践，但当时人们在认识上普遍认为使用这种材料是新的、好的、耐久的和必要的，这是时代的局限性和认识特点；新中国成立后，由于马路扩建、水系调整等市政建设的原因，颐和园的园墙特别是八方亭以南至南如意门，南如意门至西门、霁清轩东北角等段落拆除重建，或内缩，或外展，二孔闸至新建宫门段落也进行了外扩，改变了历史位置和走向；以后的多次修缮中，在修缮材料、工艺、重要历史信息保存等方面也有不够细致和严谨之处，甚至引起了一些文物爱好者的诟病。颐和园园墙的文物属性和文物价值在过去相当长的一段时间并未给予足够充分的认识和重视，未将这一建筑形式纳入文物建筑清单序列之中，更多的还是把颐和园园墙当作一种只是发挥着屏障保护和分割空间的现实功能和景观功能的构筑物，给颐和园园墙的保护造成了一些历史性的遗憾。

2. 古建文物修缮工作，必须以充分的学术研究和价值评估为基础，而学术研究是价值评估的前提。这一学术研究绝不能是浅表的、泛泛的、狭窄的、单学科的，而必须是具体的、深入的、广泛的和多学科综合的。这次颐和园园墙修缮的后期工程，我们在总结以往修缮经验的基础上加强了综合研究力量，建立了更加科学和综合的研究机制，改进了此前古建筑修缮工作主要是古建工程管理部门单挑大梁的格局，将颐和园历史文化研究部门、颐和园文物档案资料保管部门、相关专业高校研究机构引进结合起来，共同搜集整理各类相关历史文献档案、实物资料，开展深入、具体、广泛的园墙历史及工艺研究，从而大大突破了以往对颐和园园墙历史及工艺的认知，不仅在清代皇家园林虎皮石墙的研究领域填补了学术上的空白，更重要的是在此基础上无论是从总体上还是具体的园墙段落和部位上，都产生了新的价值认识，完善和细化了修缮方案，从而最大限度地确保了园墙这一文物历史信息的保护留存和园墙传统工艺的传承，充分贯彻了文物保护法规的精神实质，并以此为开端，奠定了今后颐和园文物建筑修缮研究先行，多学科结合，价值评估保护为重的新机制。

这次将颐和园园墙修缮研究成果出版，也是遵循了世界文化遗产保护修缮工程档案留存管理的原则，为今人留痕，为历史存照，同时也是我们这一代文物保护工作者对清代皇家园林虎皮石园墙认识和研究的阶段性成果，以期为同类遗产保护工程和当代园墙建设提供有益的思路和借鉴。本次颐和园园墙修缮和研究得到了文物保护、建筑历史、园林、古建技术等领域的多位专家的指导，由园内各部门专业人员与天津大学建筑、材料等多专业人员分工协作完成，在此谨表谢意。囿于水平和时间，不足之处还望方家不吝批评指正。

2019 年 10 月于颐和园外务部公所

《青铜化玉——马洪伟玉雕作品精粹》书影

《青铜化玉——马洪伟玉雕作品精粹》序

  我与马洪伟先生相识有三四年的时间了，这三四年恰巧是马洪伟在玉雕行业脱颖而出，崭露头角，个人的玉雕技艺逐渐走向定型、成熟及获得越来越广泛社会认可度的重要时期。在这几年中，发生了几件在马洪伟先生艺术生涯中堪称具有里程碑性的事情：2016 年在中国园林博物馆、2018 年在北京颐和园做了两场以"青铜化玉汲古融今"为主题的个人玉雕作品展；成功仿制了颐和园藏西周青铜重器"册方鼎"，以及个人作品"角"被大英博物馆收藏。在这个时期与马洪伟先生相识，可谓适逢其会。同时，在马洪伟先生艺术生涯的这几个重要事件中，我本人也参与了除大英博物馆收藏其作品的其他几项，也可谓幸甚至哉！可能这也是马洪伟先生盛情嘱托我务必写篇序言的原因吧。而我作为一名非玉雕技艺和玉器鉴藏行业中人，之所以不辞浅陋欣然命笔，亦是感动于马洪伟先生身上所蕴藏的对传承中华传统玉雕文化的深深的使命感、孜孜以求的精神，以及朴拙真挚的个人性情。

  据马洪伟先生自诉，2014 年中，他来颐和园参观，是他治玉生涯一个转折点。犹如在漫漫征途中迷途跋涉许久的游子一样，

"青铜化玉　汲古融今"展厅

突然间灵光一现，又似乎冥冥中自有一种安排，已经在玉雕行业从业二十余年并小有成就的他，找到了通向自己终极艺术家乡的通衢大路。在排云殿景区的清代露陈石座上，他看到了一排排陈列的青绿色的各种青铜器，蓦然被其凝重雄丽的独特美学所征服，从而确定了自己要以玉质表达青铜造型与文化意蕴的念头。从此，他就在此道路上筚路蓝缕，上下求索，并渐入佳境，独树一帜，逐步形成了自己独特的艺术风格。

当时，马洪伟先生获得了颐和园藏西周"栅方鼎"的仿制授权后，极其专注认真，不以文物照片为满足，几次专程从苏州来园到展厅内观赏原作，经常通过各种聊天工具与我及我园文物专业工作者交流心得认识，探讨仿制过程中的处理细节，不求速成，不厌精工，付出了极大的心力，毕竟这是两种全然不同的材料和工艺的转换，务求完美传达原作厚重古朴的气势。平时交往中的马洪伟先生，不善辞令，而论起其作品的创作，则不厌其烦，显示出一种深刻的思考和觉悟，诚"讷于言而敏于行"之人也！我认为，这也是一种非常优秀的中国工匠传统，不好夸夸其谈，只拿手艺说话，可惜这样的工匠传统也越来越式微了！

2016年在中国园林博物馆的展览，是马洪伟先生第一个个人作品专题展览，我也是这个展览的参与者之一，当然马洪伟先生为此付出的心力最大。我的主要作用就是在与园林博物馆的同行整理编撰展览大纲，在对马洪伟作品特点及风格欣赏理解的基础上，提出了"青铜化玉 汲古融今"这个对马洪伟作品风格特点的概括性表述，并用作这个展览的主题名称。

马洪伟先生的玉雕作品在类型上还是仿古器。从中国玉雕发展史的角度看，以玉材仿制古代青铜器造型，至少宋代就已经出现了，明代继之，至清朝乾隆时期达到极盛，成为玉雕领域一大类型，其后则衰。在这一点上，马洪伟先生可以说是继承和接续了这一中国古代玉雕技艺传统，但不同的是，他对这一玉雕传统的继承和接续更为自觉，比如在玉材的选择上，他基本上只选择使用优质青玉，不像前人仿古铜器型多用白玉和青白玉，在色彩上更有近似性和表现力；工艺也更为精细，不厌其烦的繁复和逼真，甚至堪称达到了难以复加、超越前古、叹为观止的境地，在对玉石材料性能的利用上几乎已经达到了玉材所能达到的极限；同时，马洪伟先生充分利用了这个时代所赋予的治玉工艺技术的进步，也敏锐地把握住了这个时代的人们对玉雕审美标准的变化需求，这些都表现出马洪伟先生对以玉材仿制古青铜器的情有独钟的执着追求和深入思考。因

玉雕（鸟纹方鼎）糊方鼎

此，我认为马洪伟的仿青铜器玉雕作品继承了宋元明清的仿古玉雕传统，同时又融入了新时代的玉雕工艺技术和审美时尚，"青铜化玉　汲古融今"八个字还是较能概括马洪伟仿青铜玉雕的特点的。果然，马洪伟对这八个字极为喜爱，欣然接受，这八个字也成为马洪伟两次个人作品展览的名称，本书书名亦源于此。

马洪伟走出了一条属于自己的玉雕艺术之路，但他并不囿于已经取得的成就，而是在艺术上不断追求。比较2016年在中国园林博物馆和2018年在颐和园的展览可以看出，在坚持特色风格的基础上，无论是在器形的系统性还是工艺的精湛性上，马洪伟都在执着开掘着更多的丰富性和可能性，显示着极大的艺术发展潜能。马洪伟年富力强，励精图治，心无旁骛，以继承和弘扬中国优秀传统玉雕技艺为己任，在玉雕艺术上有一种特别的钻劲、韧劲和"拙"劲。

当世皆言"工匠精神"，我认为某种程度上正是因为这一精神还较为稀缺的缘故，而我在马洪伟身上分明能感受到这种精神强劲而典型的蕴涵，我相信也祝愿他在自己热爱的玉雕艺术领域中取得更大的成就，并为传承与弘扬中华民族优秀的玉雕文化贡献力量！

是为序！

2019年

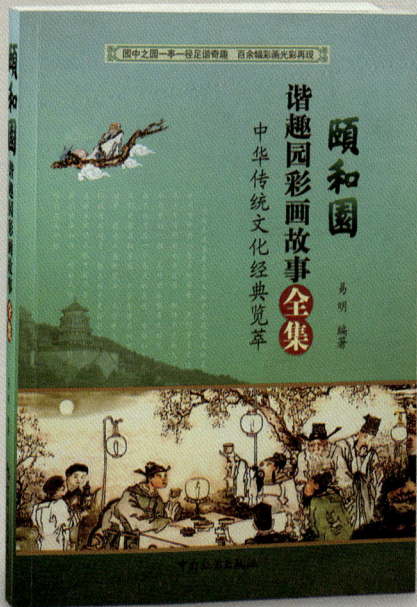

《颐和园谐趣园彩画故事全集》书影

《颐和园谐趣园彩画故事全集》序

    在丰富多彩的中国古代建筑彩画的大家庭中，最负盛名和脍炙人口的就是皇家园林颐和园中的建筑彩画了。彩画，是中国传统建筑的重要组成部分，起初主要是为了建筑木结构的防腐而采取的保护性手段，随着中国古代建筑礼制的发展演变，建筑彩画随着时代和建筑类型的不同而融入了丰富的文化内涵和工艺特点，成为中国传统建筑上一道绚丽夺目的独特风景。颐和园的建筑彩画以苏式彩画为主，有别于一般的皇家宫殿、皇家寺庙建筑彩画的对称、规整、威严、庄重的美学标准，内容多为人物故事、山水楼阁、翎毛花卉等题材，体现出皇家园林建筑追求自由、生动、趣味与世俗生活的特点，老少皆宜，雅俗共赏，历来受到广大中外游客的喜爱，使游客不知不觉在游览观赏中便受到了中国传统文化的熏陶。

    然而，尽管颐和园建筑彩画的知名度很高，我却常常感到，无论是在专业学术研究还是科普性宣传方面，关于颐和园建筑彩画的作品还非常单薄，其中长廊彩画方面的出版物还有几本，其他方面则几乎是空白。这里面的原因，一是因为颐和园的建筑彩画大都经过了民国和中华人民共和国成立后的多次修缮，因此，这些时代较晚的彩画作品还未得到专业学术界的专家学者们充分的重视和研究；二是长廊彩画太为著名，不少人以为颐和园建筑彩画的精华皆在长廊，对其他的建筑彩画未予充分的留心关照；三是因为颐和园建筑彩画数量巨大，涉及丰富的古代文学名著、神话传说、民间故事，一般人如果不投入较大的精力和学力，辨析考证，排比梳理，也很难做出成绩。直到通过以"颐和吴老"网名著名的吴小平先生的介绍认识了易明先生，并看到他新编撰的这本《颐和园谐趣园彩画故事全集》，我才又一次深深感到，坊间真是有一批热爱和执着于颐和园文化的人士，在长期默默地砥砺前行，从事着为颐和园文化积累添砖加瓦的事业，并在某一个领域做出了不俗的成绩。

易明先生自少及长，居颐和园旁侧，得闲时则日日进园，耳濡目染，于颐和园知之愈多，爱之愈深，尤其关注琳琅满目的建筑彩画。自 20 世纪 90 年代初，因见市面上所撰长廊彩画著述此抄彼引，颇有错讹，遂发愿编撰一本全面、系统讲述长廊彩画故事的书籍。为此，他将每一幅彩画拍照编号，默记于心；跑遍各图书馆、书店、书摊，广泛搜罗；走访颐和园老工匠、老职工，刨根问底……历经十八载，终于 2008 年完成了一部厚重的《颐和园长廊彩画故事全集》。该书自出版以来，受到广大读者的普遍好评与欢迎，多次入选国家新闻出版署、北京市教委、北京市新闻出版局等单位推荐的优秀图书目录。

其实在《颐和园长廊彩画故事全集》杀青的同时，其姊妹篇《颐和园谐趣园彩画故事全集》也已完成初稿，但是由于易明先生感到其中的部分资料掌握还不充分，部分考证有待深入，所以十余年来一直密而未宣，潜心打磨，以十年磨一剑、梅花香自苦寒来的态度和精神，终于呈献出了这本同样厚重的《颐和园谐趣园彩画故事全集》。

谐趣园是乾隆仿照无锡著名的私家园林寄畅园而建，嘉庆时改建，1860年被英法联军破坏，光绪时重修，形成如今的格局。园林以水池为中心，建筑环绕，高低错落，假山叠石，顾盼环抱，是颐和园中自成一格、名闻遐迩的"园中之园"。谐趣园自光绪年间重修之后，民国时期对建筑有所修葺，但国是日非，园林日益残破。中华人民共和国成立后，国家加大了文物保护力度，于20世纪60年代初对谐趣园建筑进行了全面的整修并油饰彩画，其后又多次进行过建筑的保护性修缮，因此，谐趣园的建筑彩画基本为20世纪五六十年代的彩画作品，代表了那个时代中国苏式彩画的最高水准。

我认为，编写谐趣园彩画故事充分体现了易明先生深厚的颐和园彩画故事情怀和不断探索的精神。因为长廊的巨大知名度和关注度，在易明先生之前和同时，还是有一些长廊彩画故事题材的书籍等出版物，易明先生的《颐和园长廊彩画故事全集》也必然参考借鉴了这些出版物，吸取了其成果，考订了其错讹，完善了其体系。但是，这部《颐和园谐趣园彩画故事全集》的面世则是填补了一个空白，这是一个几乎无人涉足过的领域，可以参考的资料极少，难度可想而知。我想，这也是易明先生压卷十余载而不发的主要原因。所以，易明先生肯定是付出了更大的努力和劳动，从中也可以看出易明先生对颐和园彩画的深深热爱，以及他敢啃硬骨头的决心和锲而不舍的顽强精神。

在此基础上，我认为编著《颐和园谐趣园彩画故事集》这本书更有学术价值，易明先生也提出了一些有意思的学术见解。第一，

谐趣园建筑彩画

从时代上看，谐趣园建筑彩画的绘制年代为新中国成立初期，要稍早于长廊彩画，此时正是从民国时代遗留下来的一批建筑彩画大匠年富力强、技艺纯熟之时，是中国建筑彩画艺术上承清末民国之余绪，又融入了新中国成立后的时代审美要求的代表作；第二，谐趣园的部分建筑在体量上毕竟要比长廊建筑高大，这就为画师们在更大的尺度空间内构思更复杂的图案和发挥更细腻高超的画工技艺提供了客观条件，因此，谐趣园彩画的数量和知名度虽然逊于长廊，但其艺术价值却绝不逊色，甚至说有些浸浸乎其上亦不为过；第三，易明先生通过对彩画粉本的比较研究，提出了谐趣园部分彩画来源于清末民国海派画家的观点，他对九位当年彩画大匠的挖掘是非常新颖的。相信易明先生此书的出版，会对增进人们对谐趣园建筑彩画的认识和了解发挥积极的作用。

最后，作为颐和园的一名管理人员与专业技术工作者，我要感谢易明先生几十年如一日对彩画故事的钻研和写作工作。我相信，他这部书出版之后，必能为颐和园内外的导游讲解增加更为丰富严谨的讲解素材，促进更准确地解读中国传统文化和颐和园彩画故事，也会为我们的古建筑保护专业人员进行彩画保护提供一部分有价值的参考资料。颐和园是世界文化遗产，是大家的颐和园，我希望有更多的像易明先生这样的社会人士热爱颐和园、研究颐和园、宣传颐和园，共同为颐和园的保护传承事业添砖加瓦。我也祝愿易明先生能够百尺竿头不断精进，不断写出更多更优秀的彩画故事作品！

2020 年 1 月 9 日于颐和园外务部公所

后记

　　行走，在清朝的官方语言中有当差、上班的意思。1898 年戊戌维新期间，光绪皇帝在颐和园接见康有为，命其"在总理衙门章京上行走"。1999 年 7 月，我从中国人民大学历史系中国近现代史专业获得历史学硕士学位后进入颐和园，直到 2023 年 1 月工作调动离开颐和园，在颐和园连续工作了近 24 年之久。每天行走在美丽的湖光山色和琳琅文物之间，是工作也是享受，有付出更有收获，既是一种身体的物理行走，也是一种感知上的文化行走，更是一种生命的时间行走。

　　颐和园是中国保存最为完整的古代皇家园林，是中国数千年古典园林艺术的集大成者，是清代宫廷政治、文化、外交的重要发生地，也是首都北京重要的文化地标。在颐和园工作就像是进入了一座历史文化的宝库：翻阅资料室积累多年的历史档案和专业藏书，进入奇伟瑰丽的古建筑内部探幽索隐，鉴赏把观珍贵的文物藏品，与各领域的前辈、领导、匠师和同行进行交流学习，参加国际、国内的专业研讨会拓宽视野，在一个个应接不暇的业务工作中干中学、学中干……在颐和园工作的 24 年中，我相继从事和主持文化研究、规划编制、文物保管修复、文物文化展陈、遗产监测、古建筑修缮、学术出版等专业工作，差不多有幸踏遍了颐和园300余公顷的每一处山山水水，出入过3747间古建筑中的每一个角角落落，过目了38816件馆藏文物中的每一处上上下下。为确保文物安全，重要的建筑、珍贵的文物要经常出入、查看；在开展古建筑修缮、文物展览、学术出版等工作时，更会将古建筑和文物藏品由外而内、由表及里、反反复复进行观察、勘测、触摸、品鉴、探究……24年光阴荏苒，学干相长，集腋成裘，在颐和园无比浓厚的文化学术氛围的熏陶培育下，我逐步成长为一名成熟的园林文物专业管理者。

在颐和园工作的24年，正是在中国经济社会快速发展和文化事业日益繁荣的历史时期，文化遗产保护工作愈益受到重视，特别是在党的十八大以来，颐和园的园林文物保护利用工作获得了突飞猛进的发展：第一个现代文物库馆的建成开放、第一本学术期刊的创办、多处历史区域收回、大量文物建筑修缮、第一次可移动文物普查建档、开展藏品征集、系列文物专题展览推出、园藏文物赴全国多地博物馆巡展、园藏文物首次赴欧美博物馆展览、出版园藏文物大系及系列文化书籍、颐和园博物馆挂牌、举办第一个红色主题固定展览、举办"园说"系列文物展……。躬逢文物保护利用工作的最好历史时期，我见证、参与了这个时期颐和园的几乎所有文化展览、文物展陈、古建筑修缮、藏品修复、文物征集、学术交流、学术出版等工作，何其幸也！

文章合为时而作，园林文物保护事业的发展必然也为个人文化眼界的拓宽和专业能力的提高提供机遇和舞台。在颐和园工作的

24 年中，我积累下了一些文字、文章，有对颐和园的历史、人物、古建筑的研究，有对园林艺术的领悟，有开展藏品管理、文物展览工作的经历和思考，有编辑出版学术书籍的序言跋语等。这些文字、文章绝大多数都不是为发表论文而作，而是因为园林文物管理实际工作的需要，大都是奔着解决实际工作问题而去，或是对实际工作完成后的总结提炼。如系列文化文物书籍出版的序言，文物保护利用工作的考察记、修复记和策展记，文物征集、保护的亲身经历等；即使是一些学术研究味道较浓的文章，也往往是为特定的实际工作目的，如 2003 年的《乾隆诗中的清漪园耕织图景观》一文，是要通过清漪园时期耕织图景观风貌的历史考察，为正在进行的耕织图景区复原整治项目提供学术依据；2004 年的《晚清海军"贵胄学校"——昆明湖水操学堂始末》一文，是我参与策划的耕织图景区历史文化展览完成后，在所搜集使用的档案史料基础上掇拾成的一篇论文；《晚清宫廷中的姊妹花——德龄、容龄》《自沉昆明湖的国学大师——王国维》两文，是为 2002 年的《颐和园》杂志创刊号而作。当时我被任命为杂志执行主编，既当编辑又当作者，这可能是每一位杂志草创者都曾经历过的辛苦和快乐；2007 年，治镜阁遗址复建保护可行性讨论方兴，我搜集档案史料写成了《探秘颐和园中的"曼陀罗"建筑——治镜阁》一文，力图澄清一些该建筑的核心问题并剖析其建筑文化。这些文章、文字，由于初衷和用途不是为了投稿专业期刊，所以在文字风格上可能反倒多了一分活泼不拘。

因此，这些文章、文字，是一个文化工作者从事颐和园文物保护利用工作二十余年的部分学习成果和工作实录，这些文章绝大部分都曾在各类专业书刊或颐和园官方微览上发表过，现去粗取精，择其主要，稍加修订，汇集成书，且以《颐和园行走记》名之。

因我不太注意过去文章的留存，不少文章底稿存在我原来工作的颐和园研究室中，或者散见于曾经发表的各种书刊上，颐和园研究室张鹏飞副主任抽出不少精力帮助我进行了文章的搜集和整理，按照我的想法进行了编排，并进行了一些配图的挑选和注释；文物出版社的冯冬梅女士作为责任编辑给我提供了很好的出版意见，对全文进行了细致的核校；著名青年图书设计师李猛先生精心为这本小书做了整体设计；文物出版社的张自成社长，十分关心这本书的出版，要求出版社一定把这本书做好；中国书法家协会名誉主席苏士澍先生为本书题写了书名；文化部原副部长、故宫博物院原院长郑欣淼先生为本书写了序言；拍摄颐和园风光非常知名的张晓莲、范炳远、刘培恩等摄影师为部分文章提供了精美的图片。因此这本书的出版凝结着很多人的劳动和支持，为本书增色良多。其中有的文章也凝聚着同事的付出和贡献，如《论"三山五园"保护利用的意义与途径》一文，脱胎于 2003 年时任领导高大伟先生带领我共同承担的北京市园林局《海淀中关村科学城的发展与世界文化遗产颐和园的保护》课题；《国宝大迁移中的颐和园文物调查》一文，是对 2011—2013 年由我担任课题负责人的北京市公园管理中心同名课题的修订，该课题组的成员有周尚云、卢侃、王晓笛、徐莹、许馨心等同事；还有一些同事、同行从提供图片、拓片、资料，乃至帮助回忆一些工作往事等方面给予了积极帮助。在此，对那些在过去 24 年的颐和园文物工作过程中及本书的编辑过程中给予我无私帮助的所有人一并致以深深的感谢!

从一个更宽广的角度看,在这个新的时代,作为一位在颐和园行走了 24 年、亲历了二十余年首都园林文物保护利用发展历程的园林工作者,我感到有责任努力讲好"中国园林的故事",也有义务讲好"首都园林文物保护的故事"。这部小书通过我个人的小小视角,从一个方面记录了一代颐和园文物工作者的群体努力和颐和园文物管理工作二十余年持续奋进的发展历程,反映了园林文物保护利用蒸蒸日上的时代气象。我寄望于这本取名《颐和园行走记》的小书,希望读者不仅将其看作是作者个人在颐和园二十余年的行走记,更是一代颐和园文物保护工作者的行走记,是首都园林文物保护管理工作二十余年的蓬勃发展记。

秦雷

2023 年 10 月于北京中山公园